Ernst Fabricius

Die Besitznahme Badens durch die Römer

Ernst Fabricius

Die Besitznahme Badens durch die Römer

ISBN/EAN: 9783955642143

Auflage: 1

Erscheinungsjahr: 2013

Erscheinungsort: Bremen, Deutschland

@ EHV-History in Access Verlag GmbH, Fahrenheitstr. 1, 28359 Bremen. Alle Rechte beim Verlag und bei den jeweiligen Lizenzgebern.

Neujahrsblätter
der
Badischen Historischen Kommission
Neue Folge 8
⇥ 1905 ⇤

Die Besitznahme Badens durch die Römer

Von

Ernst Fabricius

Heidelberg
Carl Winter's Universitätsbuchhandlung
1905

Inhalt.

Einleitung 5

Erstes Kapitel.
Südwestdeutschland bis auf die Zeit Cäsars.

1. Das linke Rheinufer 8
2. Die Helvetier-Wüste 12

Zweites Kapitel.
Baden und seine Nachbarländer von Cäsar bis Vespasian.

1. Die ersten Niederlassungen der Germanen 22
2. Die Römer am Rhein und an der Donau 25

Drittes Kapitel.
Die Zeit der Flavier.

1. Der Germanenkrieg des Cornelius Clemens und die ersten Straßenbauten . 32
2. Die Heerstraße von Mainz nach der Donau 41
3. Domitians Chattenkrieg und der Limes 47
4. Die Decumaten-Äcker 55

Viertes Kapitel.
Von Traian bis Antoninus Pius.

1. Die Gemeindeordnung 61
2. Der Ausbau des Straßennetzes 70
3. Die Neuordnung der Grenzverteidigung durch Hadrian 74
4. Die Brittonen-Ansiedlung 78
5. Die Verlegung des Limes 83

Als Schliemann zuerst über die Ergebnisse seiner Ausgrabungen in Troia berichtete, begegnete die Schilderung der sieben übereinander gelegenen Städte in weiten Kreisen Befremden und Zweifel. Aber seine Beobachtungen sind durch die späteren Forschungen auf dem Schutthügel von Hissarlik lediglich bestätigt und erweitert worden. Es ist unzweifelhaft, daß die Stätte von Troia schon im dritten Jahrtausend vor Christi Geburt besiedelt war, und daß auf die erste Ansiedlung weitere folgten, indem an die Stelle einer zerstörten oder verlassenen Niederlassung nach längerer oder kürzerer Zwischenzeit immer eine neue trat. Die Ruinen der hellenistischen und römischen Stadt, die in der obersten Schuttschicht liegen, müßten streng genommen nicht als die siebente, sondern als die zwölfte der aufeinander gefolgten Siedlungen betrachtet werden. In den Ländern orientalischer und griechisch=römischer Kultur lassen sich an vielen Punkten analoge Erscheinungen beobachten, wenn auch die Schuttschichten selten so zahlreich und nicht überall auf gleich engem Raume übereinander gelagert, noch auch so deutlich durch Schichten aufgehäuften Sandes voneinander geschieden sind, als auf dem windumwehten Hügel von Troia.

Auch bei uns in Süddeutschland hat an vielen Orten, die man als Fundplätze römischer Altertümer kannte, die neuere Forschung das Vorhandensein vorrömischer Kulturerzeugnisse erwiesen. Funde der La=Tène= oder jüngeren Eisenzeit, die der zweiten Hälfte des letzten Jahrtausends vor Christi Geburt angehören, der Hallstatt= oder älteren Eisenzeit, die man in die erste Hälfte dieses Zeitraumes setzt, kommen oftmals an einer und derselben Stelle vor, an der auch Gegenstände der Bronzezeit und der neolithischen oder jüngeren Steinzeit, die im zweiten oder vielleicht im dritten Jahrtausend vor Christi Geburt entstanden sind, gefunden werden. So hat K. Pfaff durch umsich=

tige, von der Stadt Heidelberg verständnisvoll geförderte Untersuchungen den Nachweis erbracht, daß verschiedene Orte der Heidelberger Gemarkung von der neolithischen Zeit bis auf die Gegenwart in ununterbrochener Reihenfolge besiedelt waren. So hat namentlich K. Schumacher durch eigene Entdeckungen wie durch sorgsame Sammlung aller Nachrichten über frühere Funde in unserem Lande eine Fülle von Beispielen fortgesetzter Bewohnung derselben Örtlichkeit seit der Steinzeit bis in das christliche Mittelalter und in die Gegenwart hinein beigebracht. Fast überall, wo gründlichere Ausgrabungen stattgefunden haben, reihen sich die Funde einer Kulturperiode an die andere. Man spricht bereits von einem Gesetz kontinuierlicher Sieblung als dem allgemeinen Ergebnis solcher Beobachtungen.

Eine Parallele zu dieser Erscheinung bildet die Kontinuität der Verkehrswege. Die Untersuchungen über das römische Straßennetz in Deutschland haben zu dem für viele überraschenden Ergebnis geführt, daß die Römer in zahlreichen Fällen längst vorhandene prähistorische Wege für ihre Zwecke benutzt haben. Kenntlich an den in der Nähe gelegenen vorgeschichtlichen Wohnstätten, an den Grabhügeln, die sie begleiten, und an ihrer Tracierung, lassen sich solche Wege oft meilenweit durch ganze Landschaften hindurch verfolgen. Sie haben die römische Periode überdauert, sie haben das Mittelalter hindurch bestanden, sich als Gemeindebegrenzen erhalten, und nicht selten deckt sich ihr Lauf mit dem Zuge moderner Landstraßen oder gar mit den Linien der Eisenbahn.

Niederlassungen und Verkehr sind eben an natürliche Voraussetzungen gebunden, die sich in früheren Zeiten weniger rasch verändert haben, als es in unseren Tagen geschehen ist. Wo einmal ein Weg gebahnt war, wo halbwegs zivilisierte Menschen sich einmal niedergelassen hatten, wo die Wälder gerodet und der Boden urbar gemacht war, wie es in manchen Gegenden nachweislich schon in der Steinzeit geschehen ist, da haben auch nach dem Untergang oder der Verdrängung der ursprünglichen Bewohner die nachfolgenden Herren des Landes gern von neuem ihre Heimstätten gebaut. War es doch oft gerade der durch die Kulturarbeit der Bewohner erschlossene Reichtum einer Landschaft, was am meisten die begehrlichen Nachbarn anlockte. „Als sie die Äcker und die angebauten Fluren und den Reichtum der Gallier kennen gelernt hatten," sagt Cäsar von den ersten Germanen, die kurz vor seiner Zeit über den Oberrhein gekommen waren, „da wurden immer weitere Scharen über den Strom geführt". Auch die Eroberungspolitik der Römer ist viel mehr von der Rücksicht auf die Anbauverhältnisse und den Reichtum fremder Länder im Kleinen wie im Großen geleitet worden, als es ihre Berichte über die Ausbreitung des Reiches eingestehen. Die Geschichte der römischen Okkupation des südwestlichen Deutschlands liefert dafür ein bezeichnendes Beispiel.

Ein Drittes endlich ist die Kontinuität der geographischen Namen. „Noch heute existiert der Name Boiohaemum", sagt Tacitus von der ursprünglichen Heimat der Boier, „und weist auf die alte Geschichte des Landes hin, obgleich es seine Bewohner gewechselt hat". Noch heute existieren in unserem Lande eine Menge von Namen für Flüsse und Berge, für Gaue und Ortschaften, die sich entweder, wie der Name Böhmen, in der Überlieferung durch Jahrhunderte direkt verfolgen oder nach ihrer sprachlichen Form auf frühere Perioden, bis in die römische oder bis in die Keltenzeit, zurückführen lassen. Man kann mit Bestimmtheit annehmen, daß überall, wo in den geographischen Ortsnamen Neubildungen einer bestimmten sprachlichen Form auf umgrenztem Gebiet in größerer Zahl auftreten, die Entwicklung einer Landschaft mit diesen begonnen hat oder nach längerer Unterbrechung neu einsetzte, während umgekehrt die Erhaltung fremdsprachlicher Namen auf den ununterbrochenen Übergang der Besiedlung von einem Volke auf ein nachrückendes anderes Volk schließen läßt.

Keine Periode in der Entwicklung eines Landes läßt sich ohne sorgsame Rücksicht auf die Zustände, die dort vorher bestanden haben, geschichtlich begreifen. Auch die Betrachtung Badens in römischer Zeit muß von dem ausgehen, was sich über seine Besiedlung und über seine wirtschaftliche Lage in der vorrömischen Periode feststellen läßt.

Erstes Kapitel.
Südwestdeutschland bis auf die Zeit Cäsars.

1. Das linke Rheinufer.

Es war im Spätsommer des Jahres 58 v. Chr. Geb., als zum erstenmal römische Krieger, die Legionen Julius Cäsars, von den Höhen des Sundgaues aus über die Rheinebene hinweg auf den Schwarzwald schauten. Von Vesontio (Besançon) hatte ihr Feldherr sie in sieben Tagemärschen auf guter Straße durch die Senke von Belfort geführt. Acht Stunden entfernt, in der Gegend zwischen Kolmar und Mülhausen, stand das Heer der Germanen unter König Ariovist. Mit Spannung erwartete man den Ausgang des Zwiegespräches der beiden Heerführer auf einem Hügel in der großen Ebene. Schon in Vesontio hatten die römischen Soldaten von den Einheimischen und von wandernden Kaufleuten gehört, wie gewaltigen Wuchses diese Germanen seien, die der Imperator anzugreifen entschlossen schien, wie geübt im Gebrauche der Waffen, wie stürmisch ihre Tapferkeit. Vielen war dabei der Mut gesunken. Es hatte der dämonischen Macht bedurft, die Cäsar in jeder Lage über seine Leute auszuüben wußte, um die Angst zu verscheuchen. Aber die Ahnung, daß außerordentliche Ereignisse bevorstanden, erfüllte Offiziere und Mannschaften.

Die Schlacht, die nach dem Scheitern der Verhandlungen zwölf Tage später am Fuße der Anhöhen, nur eine Stunde vom Rheine entfernt, geschlagen wurde und mit dem vollständigen Siege Cäsars über Ariovist endete, bildet einen Wendepunkt in der Geschichte Mitteleuropas. Sie hat nicht bloß über den Besitz Galliens zwischen den Römern und Germanen entschieden, sondern zugleich das seit dem Zuge der Cimbern und Teutonen drohende Schicksal der römischen Welt, die Beute der Germanen zu werden, für Jahrhunderte abgewendet.

Was Cäsar in der Geschichte dieses Feldzuges und in der Darstellung der von ihm kurz vorher vereitelten Auswanderung der Helvetier aus der Schweiz über die Zustände berichtet, die am Oberrhein herrschten, bildet weitaus die wichtigsten historischen Nachrichten, die wir über die Vorgeschichte unseres Landes und seiner Nachbarländer besitzen. Die Nachrichten bei Tacitus und bei den Geographen kommen zur Kontrolle und Ergänzung hinzu. Cäsar mußte die sorgfältigsten Erkundigungen über die Gegenden, in die er die Legionen führen wollte, einziehen. In Besontio war man natürlich über die Verhältnisse am Rhein genau unterrichtet. Gehörte das Elsaß doch zum Gebiete der Sequaner, die vom Rhein bis zur Rhone wohnten, und Besontio nennt Cäsar selbst oppidum maximum Sequanorum, ihre Hauptstadt. Es lag für Cäsar auch kein ersichtlicher Grund vor, Wesentliches zu verschweigen oder anders, als er in Erfahrung gebracht hatte, darzustellen. Die Kunst des Verschweigens hat er freilich in seinen Kommentarien geübt, und nicht immer entsprechen seine Angaben streng der Wahrheit. Aber beides läßt doch nur da sich beobachten, wo das Verhalten oder die Maßnahmen des Feldherrn und Politikers in den Augen des Lesers gerechtfertigt werden sollen oder seine Erfolge nicht einwandfrei waren.

Das Land auf dem linken Rheinufer, auf das die Soldaten Cäsars von jenen Anhöhen des Sundgaues herabschauten, war damals angebaut und bewohnt. Die in der Schlacht besiegten Germanen Ariovists fanden am Rheinufer Kähne, auf denen sich manche über den Strom retten konnten, der König selbst entkam so auf einem kleinen Schiff, das am Ufer angebunden war. Also nicht Tulinger, Latoviker oder Rauriker waren hier ansässig, denn diese gallischen Völkerschaften hatten im Frühjahr ihre Städte und Dörfer niedergebrannt und waren mit den Helvetiern ausgewandert, um sich im westlichen Gallien neue Wohnsitze zu suchen. Da sie mit den Germanen jenseits des Stromes in beständiger Fehde gelegen hatten, würden sie wohl kaum ihre Fahrzeuge in brauchbarem Zustand am Rheinufer zurückgelassen haben. Nach rechts vielmehr, rheinaufwärts, schaute man in das Gebiet dieser Völkerschaften. Die Rauriker saßen an den nördlichen Abhängen und in den Tälern des Jura und in der schmalen Ebene am Rhein oberhalb der Stelle, wo der Strom sich nach Norden wendet. Bei ihrem Auszuge zählte die Völkerschaft nur 23 000 Seelen. Jetzt, zwei Monate nach der Schlacht bei Bibracte, in der Cäsar sie mit den Helvetiern besiegt hatte, kehrten die Überlebenden auf Geheiß des Siegers zurück in ihre alten Wohnsitze. Auch die etwas zahlreicheren Tulinger — bei dem Auszuge im Frühjahr waren es mit Frauen und Kindern 34 000 gewesen —, sowie die 14 000 Latoviker hatten wohl hier im Schweizer Jura zwischen der Aare und dem Rhein in der Nähe der Rauriker ihre Wohnsitze. Da ihre Ernte zerstört war, hatte Cäsar den Allobrogen in Gallien aufgetragen, sie und die Helvetier mit Getreide zu versehen, ihnen selbst aber den Wiederaufbau ihrer Ortschaften befohlen, damit die Germanen nicht über den Rhein kämen. In dem Lande endlich zwischen dem Jura und den Alpen, vom Bodensee und dem Rhein bis zum Genfersee, waren die vier Gaue der Helvetier zusammengedrängt. Nach den griechisch geschriebenen Listen aller Teilnehmer an dem gemeinsamen Zuge, die nach der Schlacht bei Bibracte in dem Lager der Helvetier gefunden worden waren, zählte das ganze Volk vor dem Auszuge 263 000 Menschen, die in 12 Städten und 400 Dörfern wohnten. Für diese Volkszahl war den Helvetiern ihr Gebiet zu eng erschienen, und eben deshalb hatten sie sich zur Auswanderung entschlossen. Um das begreiflich zu machen, bedarf es nur der Annahme, daß im Schweizer Mittelland zwischen Alpen und Jura die breiten Bergrücken noch bewaldet und nur die Täler in der Hauptsache angebaut waren. Auch in den übrigen Ländern am Oberrhein wird das Verhältnis von Wald und urbar gemachtem Gebiet ähnlich gewesen sein.

Ganz Elsaß war, kurz bevor Cäsar in Gallien eintraf, noch im Besitz der Sequaner gewesen. Jetzt freilich wohnten hier die Germanen Ariovists. Von den Sequanern selbst gegen ihre westlichen, jenseits der Saone wohnenden Nachbarn, die Häduer, herbeigerufen, waren zuerst nur etwa 15 000 Germanen über den Rhein gekommen, aber immer weitere Scharen nachgefolgt. Jetzt, anderthalb Dezennien später, betrug, so war Cäsar von den Galliern berichtet worden, die Zahl der Germanen auf gallischem Boden bereits gegen 120 000. Wohl hatten sie unter ihrem König Ariovist zusammen mit den Sequanern die Häduer wiederholt geschlagen, aber schlimmer als den Besiegten war es den Sequanern selbst ergangen. Denn ein Drittel ihres Landes, des besten, wie behauptet wurde, von ganz Gallien, hatten sie Ariovist und seinen Leuten abtreten müssen. Die Grenzen dieses Gebietes waren genau festgesetzt, und es wurde von verschiedenen germanischen Völkerschaften bewohnt, Markomannen, Tribokern, Vangionen, Nemetern, Sedusiern und Sueben. Die Lage dieses Gebietes läßt sich aus folgendem entnehmen.

Als Cäsar den Marsch gegen Ariovist angetreten, aber Vesontio noch nicht erreicht hatte, wurde ihm, wie er behauptet, gemeldet, daß Ariovist mit allen seinen Truppen aufgebrochen sei, um diese Stadt zu besetzen, und daß er von seinem Gebiete aus bereits einen Weg von drei Tagemärschen zurückgelegt habe. Cäsar beschleunigte deshalb seinen Marsch, besetzte Vesontio und traf mehr als eine Woche später noch vor Ariovist und den Germanen im Oberelsaß ein. Auch Ariovist müßte in dieser Zeit von der entgegengesetzten Seite in der Richtung auf Vesontio vorgerückt sein, und es befremdet einigermaßen, daß er mit seinem Heere noch so weit nördlich stand, als Cäsar am Rande der Rheinebene erschien. Mag also auch jene Meldung von dem Vormarsche Ariovists auf Vesontio, die Cäsars Maßnahmen rechtfertigen soll, in seiner Darstellung an einen früheren Zeitpunkt gerückt sein, als sie tatsächlich eingetroffen ist, soviel ergibt sich auf alle Fälle aus dieser Darstellung, daß das Gebiet Ariovists nicht im Oberelsaß, sondern weiter nördlich im Unterelsaß und etwa noch in der Pfalz lag. Das Oberelsaß war also noch Eigentum der Sequaner. Aber es stand bereits in Gefahr, gleichfalls von den Germanen besetzt zu werden. Denn vor wenigen Monaten waren 24000 Haruden zu Ariovist gekommen, und auch für diese wurde Raum gefordert. Die Sequaner sollten ein zweites Drittteil ihres Gebietes an die Germanen abtreten.

Noch bedrohlicher sah es weiter am Mittelrhein aus, wo vor dem Erscheinen der Germanen auf dem linken Ufer als nördliche Nachbarn der Sequaner Mediomatriker wohnten und weiterhin an der Mosel die Treverer folgten. Die Mediomatriker waren durch die Invasion der Germanen bereits aus der Rheinebene verdrängt oder von ihnen unterworfen worden. Jetzt sahen sich auch die Treverer bedroht. Noch bevor Cäsar Vesontio erreicht hatte, wurde von ihnen gemeldet, daß hundert Gaue der Sueben unter ihren Herzögen, den Brüdern Nasua und Cimberius, am rechten Rheinufer lagerten im Begriff, den Strom zu überschreiten. Sie waren aus dem Innern Deutschlands gegen den Willen der am Rhein wohnenden Ubier bis in das Rheintal vorgedrungen, sei es auf den Wegen durch die Wetterau nach der Mündung des Mains, sei es auf weiter nördlich gelegenen Bahnen. Auf dem rechten Rheinufer wohnten also die ger=

manischen Stämme mit Ausnahme jener Ubier keineswegs zufrieden und ruhig auf altererbtem Boden. Auch südlich des Mains, und besonders in Baden, müssen die Zustände ganz ähnlich, wenn nicht noch unsicherer, gewesen sein.

2. Die Helvetier-Wüste.

Wenn die Leute Cäsars die Einheimischen oder die umherziehenden Kaufleute nach den dunklen, waldbedeckten Bergen jenseits des Rheines gefragt haben, so hörten sie wohl, was der Imperator selber gehört und berichtet hat, das sei der Herzynische Wald, und dieser Wald erstrecke sich in einer Breite von neun eiligen Tagereisen von hier, vom Lande der Helvetier, der Nemeter und Rauriker an, weit, weit nach Osten, an der Donau entlang in gerader Richtung bis in das Gebiet der Daker und der Anarten, und dort wende er sich nach links in Gegenden abseits vom Fluß und berühre vieler Völker Land wegen seiner Größe. Vom Schwarzwald also, dessen Länge hier als Breite angesehen wird, dehnt der Herzynische Wald sich aus bis zu den Karpathen, Schwarzwald und Schwäbischer Jura müssen damals in der Vorstellung der Gallier noch ein zusammenhängendes Waldgebiet gebildet haben. Und doch hatten es die Germanen bereits überschritten.

Denn die Helvetier lagen mit ihnen, „die über dem Rhein wohnen", in beständiger Fehde. Der Hegau also, der Kanton Schaffhausen und der südliche Breisgau waren im Jahre 58 v. Chr. Geb. von Germanen besetzt. Auch die Rheinebene galt damals bereits als Germanenland. Wenn der Herzynische Wald vom Lande der Helvetier, Rauriker und Nemeter seinen Anfang nahm, so waren es wohl vorzugsweise die letzten, die hier am Schwarzwalde sich aufhielten. An einer anderen Stelle, an der Cäsar die Anwohner des Rheines aufzählt, nennt er Triboker nach den Helvetiern, Sequanern und Mediomatrikern, und da er geflissentlich verschwiegen hat, daß nach seinem Siege von den Germanen Ariovists ein Teil auf dem linken Rheinufer zurückgeblieben war, so kann er als Wohnsitz dieser germanischen Triboker nur das rechte gemeint haben. Weitere germanische Völkerschaften zwischen dem Rhein und dem Schwarzwald oder Odenwald sind in der Geographie des Ptolemäus aufgezählt, aber ihre Namen sind bis auf den der Vangionen sonst verschollen. Vangionen,

Triboker und Nemeter erscheinen dagegen unter den Genossen Ariovists. Aber wie die linksrheinischen Gaue, die diese in Cäsars Zeit besetzt hatten, so war auch das Land auf dem rechten Ufer des Rheins vor nicht allzulanger Zeit noch den Galliern oder Kelten zu eigen gewesen.

Nach dem Zeugnis des Tacitus nämlich hatten einst die Helvetier das Land zwischen dem Rhein und dem Main und dem Herzynischen Wald im Besitz gehabt, und was darüber hinauslag, war von den gleichfalls keltischen Boiern bewohnt gewesen. Und wie der Name Boiohaemum, Heim der Boier, nach dem Abzuge des Volkes auf die früheren Bewohner Böhmens hinwies, so findet sich bei Ptolemäus für das Land auf der Nordseite des Schwäbischen Jura die Bezeichnung Helvetier-Wüste. Ptolemäus gibt diesem Landstrich allerdings nicht dieselbe weite Ausdehnung, wie Tacitus dem ehemaligen Gebiete der Helvetier in Deutschland. Nach ihm müßten auch die Sitze der Vangionen und jener andern, uns unbekannten Völkerschaften hier östlich vom Rhein gelegen haben. Der Widerspruch löst sich, wenn man in diesen nachgerückte Stämme erblickt, die das Land wieder teilweise besiedelt hatten. Ptolemäus hat vielfach aus älteren Quellen geschöpft und Ansätze, die sich auf eine hinter der seinigen, dem zweiten Jahrhundert n. Chr. Geb., weit zurückliegenden Zeit bezogen, in sein Kartenbild kritiklos mit aufgenommen. Auf welche Periode sich also seine Angaben beziehen, bedarf in jedem einzelnen Falle besonderer Überlegung. Die Bezeichnung Helvetier-Wüste muß auf eine Zeit zurückgehen, in der die Helvetier das rechtsrheinische Gebiet geräumt und neue Völker noch nicht wieder davon vollständig Besitz ergriffen hatten. Es gilt, diese Zeit möglichst genau zu bestimmen.

Von den Boiern steht es fest, daß sie um das Jahr 115 v. Chr. Geb. noch in ihrer alten Heimat die Cimbern abgeschlagen haben, als diese ihre Wanderung nach Süden antraten. Also können sie erst kurz vor Cäsars Zeit Böhmen verlassen haben. Auch der Abzug der Helvetier aus ihren rechtsrheinischen Wohnsitzen in Baden, Württemberg und Hessen fällt zeitlich noch in den Gesichtskreis der griechischen und römischen Geographen, die sich seit den Zügen der Cimbern und Teutonen mit der Länderkunde dieser Gegenden befaßt haben. Die Zeit der Räumung des südwestlichen Deutschlands durch die Kelten läßt sich aber vielleicht noch genauer feststellen.

Wenn man von Freiburg aus auf der Höllentalbahn in den Schwarzwald fährt, so kommt man mitten durch das Gebiet einer sehr alten Stadt hindurch. Bevor die Bahn bei der Station Himmelreich in die berühmte Talenge eintritt, überschneidet sie ein 2 ½ km langes Plateau, das von vereinzelten Höfen und von Ackerland oder Wiesen bedeckt ist. Die beiden Quellbäche der Dreisam, der von St. Märgen herabkommende Wagensteigbach und der Rothbach, der das Höllental durchfließt, umschließen vor ihrer Vereinigung vor Zarten die nach Westen mäßig geneigte Fläche. Auf der Nord- und Südseite, sowie im Westen, wo das Plateau in eine Spitze ausläuft, durch Steilabhänge von durchschnittlich 15 m Höhe umsäumt, hängt es auf der Ostseite durch einen 670 m breiten Rücken mit dem das Tal überragenden Gebirge zusammen. An den Rändern dieses Plateaus haben sich an vielen Stellen Reste einer zusammenhängenden Befestigung erhalten, die sich als wallartige Erhöhung darstellt. Auf der Ostseite war das Stadtgebiet außerdem durch einen Graben geschützt, der von Abhang zu Abhang quer über den Rücken hinweg zieht. Er führt den Namen Heidengraben und ist noch jetzt als flache Einsenkung im Ackerlande erkennbar. Die ganze Anlage hat einen Umfang von 6 km, und die umwallte Fläche bildet ein Areal von 190 ha.

Es unterliegt keinem Zweifel, daß dies die Überreste des von Ptolemäus unter den Städten im südlichen Germanien genannten Tarodunum sind. Denn der Name hat sich bis heute als Zarten, Kirchzarten und Hinterzarten in den Namen benachbarter Dörfer erhalten. Wie durch die Lautverschiebung aus Tabernae Zabern oder aus Turicum Zürich geworden ist, und wie durch die Zurückziehung des Tones aus Campodunum Kempten oder aus Lugdunum Leyden wurde, so mußte nach den Gesetzen des Lautwandels Tarodunum sich zu Zarten umbilden. Die Zwischenstufen dieser Umbildung sind zudem in mittelalterlichen Urkunden erhalten.

Das Wort Tarodunum ist aber keltischen, nicht germanischen Ursprungs, keltisches dunon entspricht altdeutschem zun, neuhochdeutschem Zaun und englischem town. Es bedeutet die feste Stadt. Keltisch ist aber auch die Bauart der erwähnten Ringmauer.

Bei einer Ausgrabung, die mit Mitteln der Stadt Freiburg im Herbst 1901 auf der Ostseite des Plateaus am Heidengraben vorgenommen wurde, stellte sich heraus, daß dieser ursprünglich ein Spitzgraben von 12 Meter Breite und 4 Meter Tiefe war. Auf seiner Innenseite lag eine gewaltige, ehemals aus großen Steinen errichtete Mauer, und in der Kieshinterschüttung dieser Mauer wurden nicht allein große Mengen von Holzkohlen gefunden, sondern auch in beträchtlicher Anzahl etwa 20 cm lange, schwere, eiserne Nägel. Die Befestigung von Tarodunum war also kunstvoll genug aus abwechselnden Balken und Steinen, alternis trabibus ac saxis, hergestellt, wie es Cäsar in der Geschichte der Belagerung von Avaricum (Bourges) im Lande der Biturigen als die zu seiner Zeit übliche Bauart fast aller Festungsmauern der Gallier ausführlich beschreibt und wie es die Funde in Frankreich bestätigen. Die wenigen, aber charakteristischen Gefäßscherben endlich, die in der Sohle des Grabens zwischen Brandschutt angetroffen wurden, gehören der jüngeren La-Tène-Zeit an. Sie können nicht erheblich älter als aus dem Ende des zweiten Jahrhunderts v. Chr. Geb. sein.

Die Altertumssammlung in Freiburg besitzt allerdings einen Bronzekelt von vorzüglicher Arbeit, als dessen Fundort Burg Wiesneck angegeben wird. Aus der mittelalterlichen Burg, deren Trümmer unmittelbar über Tarodunum am andern Ufer des Wagensteigbaches liegen, kann der Fund nicht stammen. Wiesneck ist auch der Name eines Hofes dicht am Heidengraben. Schon in der Bronzezeit war also die Stätte besiedelt. Fragen wir aber nach den Erbauern der gewaltigen, kunstvollen Mauern der Stadt Tarodunum und nach ihren Bewohnern im 2. Jahrhundert v. Chr. Geb., so lautet die Antwort: es können nur Kelten, also einzig jene Helvetier gewesen sein, die als die früheren Bewohner unseres Landes durch Tacitus und Ptolemäus bezeugt sind.

Es steht fest, daß die La-Tène-Kultur, die ihren Namen von einer Fundstelle am Neuenburger See in der Schweiz trägt, die Kultur des weitverzweigten Volkes der Kelten oder Gallier ist. Selbst die Galater Kleinasiens hatten die gleichen eigentümlichen Waffen, wie ihre Stammverwandten in den Donauländern, am Rhein und in Frankreich. Da die Kelten ausgedehnten Handel getrieben und auch stammfremde Nachbarn beeinflußt haben, braucht nicht jede La-Tène-Fibel, die irgendwo gefunden wird, und nicht jede La-Tène-Vase einem Gallier gehört zu haben. Anders ist es in unserem Falle, wo es sich um eine große Ansiedlung und um Festungsbauten der La-Tène-Zeit von so gewaltiger Ausdehnung handelt. Noch im 2. Jahrhundert v. Chr. Geb. also war das Dreisamtal Sitz einer reichen und blühenden gallischen Kultur. Wenn auch die ganze Fläche von Tarodunum nicht von Wohnstätten bedeckt war, so läßt doch die

Größe der Stadt auf zahlreiche, seßhafte Bewohner, und ihre Lage im offenen Tal an leicht zugänglicher Stelle auf friedliche, geordnete Verhältnisse und ausgedehnten Ackerbau schließen.

Diesem Bild einer großen keltischen Niederlassung im Breisgau läßt sich vielleicht ein gleichartiges im Neckarland an die Seite stellen. In der Liste der Städte in Süddeutschland bei Ptolemäus steht an zweiter Stelle gleich nach Tarodunum Arae Flaviae. Der Name des Ortes, der bei Rottweil gelegen war, ist in der römischen Kaiserzeit wahrscheinlich durch Umnennung des vorrömischen Namens entstanden, aber die Zusammenstellung mit der alten Keltenstadt läßt als möglich erscheinen, daß in den Quellen des Geographen auch hier eine vorrömische Stadt genannt war. Wie dem auch sei, die Lage einer großen Festung zwischen Rottweil und dem benachbarten Altstadt gleicht in auffallender Weise derjenigen von Tarodunum: wieder ein flaches Plateau, hier von 35,3 ha Größe, mit denselben nicht sehr hohen, aber steilen Abhängen auf drei Seiten, im Norden und Osten vom Neckar, auf der Süd- und auf der Nordwestseite von zwei kleinen, tief eingeschnittenen Tälchen umgeben. Hie und da am Rande des Plateaus sind noch die Reste eines Walles erhalten, und im Südwesten, wo der natürliche Schutz durch den Abhang fehlt, bemerkt man auch die Spuren des breiten Grabens. Die Reste gelten freilich für römisch, wie denn in der Tat auch römische Gebäude auf dem Plateau lagen. Ringwall und Graben gleichen indes in keiner Weise römischen Befestigungsbauten, sondern erinnern in ihrer Tracierung und in ihrem Profil an die Reste der Ringmauer und des Walles und an den Heidengraben von Zarten. Dazu kommt, daß bei Rottweil zahlreiche keltische Münzen gefunden worden sind. Zur Beurteilung der Größenverhältnisse sei erwähnt, daß die Standlager der Rheinlegionen in Bonn und Neuß 25 ha, das Legionslager in Carnuntum an der Donau nur 19 ha groß sind. Es müßte also schon ein sehr großes, aus mehreren Legionen bestehendes, römisches Heer gewesen sein, das ganz gegen römische Gewohnheit den Ringwall bei Rottweil erbaut hätte. Er stammt gewiß, wie Tarodunum, von einem keltischen Oppidum.

Fehlt uns hier der ursprüngliche Name, so beweisen die keltischen Ortsnamen Brigobanne, das in der Nähe der Donauquelle lag, und Sumelocenna, das heutige Rottenburg, wie auch der unrömische Name Grinario, heute Köngen am Neckar, daß noch andere keltische Niederlassungen nördlich und südlich von Rottweil bestanden haben.

Am Unterlauf des Neckars aber, schon in der Rheinebene, ist Lopodunum, im Mittelalter Lobben=burc (Ladenburg) schon durch seinen Namen als feste gallische Stadt bezeugt. Grubenhütten und Gräber der Mittel=La=Tène=Zeit kommen als Bestätigung hinzu.

Und zieht man erst die Funde zu Rate, so mehren sich die Belege außerordentlich. Nach ihnen hat Schumacher am Rande des Gebirges gegen die Rheinebene, am Kaiserstuhl und auf dem Hochgestade des Rheins allein an dreißig Ansiedlungen der La=Tène=Periode zusammengestellt. Noch dichter sind die Fundstätten im badischen Neckarhügelland und in Württemberg, wo namentlich in der Gegend Heilbronns und im benachbarten Frankenlande neuerdings Gräberfelder der La=Tène=Zeit entdeckt worden sind. Mit Ausnahme des Schwarzwaldes war das ganze Land, das Tacitus als frühere Heimat der Helvetier bezeugt, in der keltischen Zeit verhältnismäßig dicht bevölkert.

Wie die Helvetier in der Schweiz teils Städte, oppida, teils Dörfer, vici, oder Einzelhöfe bewohnten, so lassen die erwähnten Spuren auch in Deutschland die gleiche Art der Siedlung erkennen. In der älteren Zeit mögen die kleinen und kleinsten Niederlassungen vorherrschend gewesen sein, wie auch in Frankreich zu Cäsars Zeit der Stadtbau im Süden weiter vorgedrungen war als bei den nördlichen, in der Entwicklung zurückgebliebenen Stämmen. Und wie diese in ihrem Flachland sich gegen feindliche Angriffe hinter Verhauen in Wald und Sumpf schützten, so suchten die keltischen Bewohner unseres Landes in Kriegszeiten ihre Zuflucht in den sogenannten Ringwällen auf den Höhen des Gebirges. Aber auch diese Befestigungen, deren Trümmer an vielen Stellen erhalten sind, waren keineswegs kunstlos aufgetürmte Steinmassen, wie sie in ihrem jetzigen Zustand äußerlicher Betrachtung erscheinen, sondern sorgsam gebaut und mit Balken versteift, wie die Mauern von Tarodunum. Denn die Kultur des Landes in der gallischen Zeit hat man sich als hoch entwickelt und reich vorzustellen. Der Ackerbau war überall durchgeführt, eine große gewerbliche Kunstfertigkeit ausgebildet, und dem Verkehr dienten zahlreiche gebahnte Wege, die zwar nicht mit Steinoberbau versehen, aber an feuchten Stellen durch Holzeinlagen gefestigt waren.

Während Tarodunum als keltische Feste mindestens bis in die letzte Hälfte des zweiten Jahrhunderts v. Chr. bestanden hat, reichen

in andern Teilen des Landes die Überreste der gallischen Zeit nicht
ebenso weit herab. Nur die Früh-La-Tène-Periode, die man in das
fünfte und vierte Jahrhundert setzt, ist überall stark vertreten, während
die Mittel- und namentlich die Spät-La-Tène-Funde im nördlichen
Teil auffallend spärlich sind. Die Räumung des Landes durch die
Kelten ist also nicht mit einem Male erfolgt, sondern nach und nach
sind die Bewohner im Laufe des dritten und des zweiten Jahrhunderts
v. Chr. Geb. ausgewandert. Die Spuren, die diese Wanderungen in
der geschichtlichen und geographischen Überlieferung hinterlassen haben,
stehen damit in Einklang, und manches spricht dafür, daß die Räumung
des Landes durch die gallische Bevölkerung nicht so vollständig
war, als die Bezeichnung Helvetier-Wüste vermuten läßt.

Als die Helvetier und ihre Nachbarn im Jahre 58 v. Chr. Geb.
sich entschlossen, auch das ihnen zu enge Gebiet in der Schweiz wieder
zu verlassen, bewogen sie 32 000 Boier, die eben damals sich in
Oberösterreich aufhielten, zum Anschluß. Die Boier waren einst, als
die Helvetier noch in Deutschland wohnten, ihre Nachbarn gewesen
(S. 13). Das gemeinsame Ziel der Wanderung sollte, wie Cäsar erfuhr,
das Land der Santonen an der Mündung der Garonne sein.
Den wenigen Boiern, die der Schlacht bei Bibracte entronnen waren,
gestattete Cäsar, sich später bei den Häduern in Burgund anzusiedeln.
Da die Helvetier zur Heimkehr gezwungen wurden, hat also keiner
der Teilnehmer das eigentliche Ziel des Zuges erreicht. Aber schon
einmal im Jahre 107 hatte ein Teil der Helvetier, der Gau der
Tiguriner, den Versuch gemacht, durch Frankreich nach dem Ozean
durchzubringen und ein römisches Heer, das ihnen gefolgt war, vernichtet.
Sie waren aber dann in den Strudel des Zuges der Cimbern
und Teutonen geraten und nach fünfjähriger Wanderung wieder in
die Schweiz zurückgekehrt. Die besonderen Verhältnisse, welche die
Helvetier und Boier gerade im westlichen Frankreich angezogen haben,
lassen sich wohl erraten. Hier wohnten ihre Stammesgenossen, mit
denen sie einst im südlichen Deutschland zusammengelebt hatten.

Nach einer Beobachtung Otto Hirschfelds waren dies zunächst
die Biturigen, die in zwei Abteilungen, Bituriges Vivisci und Bituriges
Cubi zerfielen. Sie lassen sich in der historischen Überlieferung
bis an den Herzynischen Wald verfolgen. Burdigala, das heutige
Bordeaux, war die Hauptstadt der Bivisker. Viviscus heißt aber auch
ein Ort im Helvetierland, in der Schweiz, das heutige Vevey. Ferner

lag 16 römische oder etwas über 3 deutsche Meilen südlich von Bordeaux ein Ort Boii, und es fehlt nicht an sonstigen Zeugnissen, daß auch Boier in der Nachbarschaft der Bivisker gewohnt haben. Sie werden gemeinsam mit ihnen vom Herzynischen Walde hierher gewandert sein, so wie die Boier, die im Jahre 58 nach Gallien zogen, sich an dem Zuge der Helvetier beteiligten. Auch die Bituriges Cubi haben in Deutschland Spuren zurückgelassen, auf die wir gleich zurückkommen werden. An der oberen Garonne aber in der Gegend von Toulouse wohnten die Volcae Tectosages. Schon Hannibal hatte sie hier auf seinem Zuge nach Italien angetroffen. Nach Cäsars Bericht waren diese Völker einst Herren der fruchtbarsten Gegenden Germaniens am Herzynischen Walde gewesen und hatten sich dort bis in seine Zeit gehalten. Ein Rest also des einstmals sehr zahlreichen Volkes — selbst unter den Galatern Kleinasiens gibt es Tektosagen — war in der alten Heimat zurückgeblieben.

Die Gegend, in der diese Völker noch zu Cäsars Zeit in Germanien wohnten, läßt sich schwer bestimmen, da der Autor dem Herzynischen Walde eine so ungeheure Ausdehnung zuschreibt. Unter etwa 90 in Württemberg vereinzelt gefundenen keltischen Münzen, die W. Nestle und G. Sixt kürzlich zusammengestellt haben, sind 25 Stücke der Volcae-Tectosagen und 42 der Boier, von denen die ersteren in Franken, die letzteren in Schwaben vorherrschen. Dazu kommen andere Spuren der genannten Völker, die sich, worauf Zangemeister und v. Domaszewski aufmerksam gemacht haben, noch in römischer Zeit am Neckar und am Main finden. In der Gegend nördlich von Stuttgart stand im 2. Jahrhundert n. Chr. Geb. eine römische Kundschaftertruppe aus Tribokern und Boiern. Solche Abteilungen, die mit dem Grenzlande vertraut sein mußten, wurden gewöhnlich aus der einheimischen Bevölkerung gebildet. Triboker hier zu finden, ist nicht überraschend. Aber auch Boier muß es hiernach noch in der Kaiserzeit am Neckar gegeben haben. Eine andere Völkerschaft, wahrscheinlich am Main, führt den Namen Cubier. Domitian ließ Kastelle in ihrem Gebiete erbauen. Sie werden von den Bituriges Cubi auf ihrem Zuge nach Frankreich zurückgelassen worden sein. In Miltenberg am Main wurde in der Kaiserzeit ein Gott Santius verehrt, den man mit dem Namen der Santonen am Golf von Viscaya in Verbindung gebracht hat, und in Böckingen bei Heilbronn ein Mars Caturix, der sonst nur in Inschriften aus Helvetien vorkommt. In

Wallbürn endlich, das im 7. Jahrhundert Turninu heißt, haben vielleicht die Turonen gewohnt, die Ptolemäus im Lande östlich von Schwarzwald und Odenwald kennt. Turonen heißen die nördlichen Nachbarn der Biturigen an der Loire.

Sind alle diese Beziehungen nur mehr oder minder wahrscheinlich und zufällige Übereinstimmungen nur durch ihre ansehnliche Zahl ausgeschlossen, so liegt ein monumentales Zeugnis von unbestreitbarer Gewähr dafür vor, daß in der Gegend von Miltenberg um die Wende des 1. und 2. Jahrhunderts Teutonen gewohnt haben. Auf dem Greinberge nämlich, einer Bergkuppe am linken Mainufer unmittelbar südlich der Stadt, wurde im Jahre 1878 eine gegen fünf Meter hohe Sandsteinsäule, eine Art Obelisk, gefunden, die in fußgroßen, derb eingehauenen Buchstaben guter alter Form die Inschrift Inter Toutonos C A H F trägt. Die Säule lag an ihrem ursprünglichen Aufstellungsort, einer geebneten, von Felsbänken umgebenen Stelle am Südabhange des Berges, die wie eine Opferstätte oder ein kleiner Versammlungsplatz sich ausnimmt. Zu den römischen Limesanlagen, wie man gemeint hat, steht die Örtlichkeit in gar keiner Beziehung, und auch die Annahme, daß eine alte unterirdisch versteinte Grenzlinie über den Standort des Denkmals geführt habe, beruht auf Irrtum. Was die einzelnen Buchstaben am Schluß der Inschrift, die senkrecht untereinanderstehen, bedeuten, ist nicht zu erraten, weil auch die beiden Worte inter Toutonos verschiedene Deutung zulassen. Sie können sich auf die Festlegung einer Grenze, aber auch auf irgendwelche andere Abmachungen zwischen den Toutonen beziehen. Sicher ist allein, daß in der Gegend von Miltenberg zu der Zeit, als hier lateinische Sprache und Schrift in Gebrauch gekommen waren, eine Völkerschaft gewohnt hat, die sich Toutonen nannte. Da nun keltisches eu in der römischen Zeit sehr häufig zu ou geworden ist, so wäre es an sich schon wahrscheinlich, daß diese Toutonen mit den Teutonen, den Genossen der Cimbern, identisch sind. Es kommt aber auch noch eine merkwürdige Bestätigung dieses Schlusses hinzu.

Nur einige hundert Schritte von dem Fundorte des Toutonensteines in der Mitte eines gewaltigen Ringwalles, der den Gipfel des Greinberges krönt, lag in römischer Zeit eine Kultstätte des Merkur, der nach den hier und am nordwestlichen Abhange des Berges bei einem kleinen römischen Gebäude gefundenen Inschriften Mercurius Cimbrianus hieß. Einen Mercurius Cimbrius kennt man auch aus einer Inschrift aus der Gegend von Heidelberg. Das Zusammentreffen dieser Namen und Zeugnisse in Miltenberg für belanglos erklären zu wollen, hieße dem Zufall mehr, als erlaubt ist, zutrauen. Jedenfalls ist es weniger kühn, daraus den Schluß zu ziehen, daß hier am Main Reste der beiden Stämme zurückgeblieben waren. Wohnten doch auch Abkömmlinge einst am Rhein zurückgelassener Cimbern und Teutonen zu Cäsars Zeit in Belgien.

Am Herzynischen Wald von den damals noch in Böhmen ansässigen Boiern abgeschlagen, hatten die Cimbern auf ihrem Zuge nach Süden im Jahre 113 v. Chr. Geb. den Römern bei Noreia in Oberösterreich eine große Niederlage beigebracht. Vier Jahre verweilten sie alsdann im südlichen Deutschland. Damals werden sie mit den Helvetiern in Verbindung getreten sein und die Tiguriner zu dem oben erwähnten Zuge nach Gallien veranlaßt haben. Es ist wohl kein Zufall, daß eben um diese Zeit das rechtsrheinische Gebiet auch im Süden von den Kelten geräumt worden ist. Die Vereinigung der Cimbern und Teutonen hat wahrscheinlich noch später, erst im Jahre 103, in Gallien stattgefunden, nachdem die Cimbern inzwischen bis nach Spanien vorgedrungen und wieder über die Pyrenäen zurückgezogen waren. In diesem Jahre plünderten die heimatlos umherschweifenden Völker fast ganz Gallien. Erst 102 entschlossen sie sich zu dem Zuge nach Italien, der ihnen den Untergang brachte. Nur die Tiguriner hatten sich wieder zu ihren Stammesgenossen in der Schweiz gesellt und östlich vom Neuenburger See um Murten und Avenches niedergelassen.

Die Loslösung einzelner aus Cimbern und Teutonen zusammengesetzter Scharen von dem Hauptzuge kann also nicht vor dem Jahre 103 erfolgt sein. Die Vorfahren unserer Cimbern und Teutonen im Odenwald werden also wohl vor dem Zuge nach Italien in der Rheingegend zurückgeblieben und nach den Niederlagen ihrer Stammesgenossen bei Aquae Sextiae und Vercellae sich vor der Rache der durch die Raubzüge entsetzlich heimgesuchten Gallier in die Helvetier-Wüste gerettet und in der Gegend von Miltenberg eine Zuflucht gefunden haben. So leiten diese Spuren zu der Geschichte der Wiederbesiedlung des veröbeten Landes über.

Zweites Kapitel.
Baden und seine Nachbarländer von Cäsar bis Vespasian.

1. Die ersten Niederlassungen der Germanen.

Die germanischen Stämme legten besonderen Wert darauf, daß ihr Gebiet rings von Ödland umgeben sei. Namentlich wollten die Sueben keine anderen Stämme in ihrer Nachbarschaft dulden. Zu Cäsars Zeit wurde von ihnen, die damals hauptsächlich in Thüringen wohnten, behauptet, daß auf einer Seite ihres Gebietes etwa 100 römische Meilen weit alles Land unbewohnt sei. Man hat diese Nachricht mit der Angabe des Ptolemäus über die Helvetier-Wüste kombiniert und daraus geschlossen, daß noch um das Jahr 50 v. Chr. Geb. weite Strecken zwischen dem Main und dem Herzynischen Wald menschenleer gewesen seien. Solche Sitten waren jedenfalls der Wiederbesiedlung des südwestlichen, von den Kelten verlassenen Deutschlands nicht günstig. Es kann keine Rede davon sein, daß die Germanen gleich in großen Massen sich über Baden und Württemberg ausgebreitet hätten und hier von nun an als ruhige, seßhafte Bewohner geblieben wären. Der Rhein galt allerdings auch in seinem Oberlauf als Grenze des Germanenlandes, und im Süden unterhalb des Bodensees, wie weiter nördlich in der Gegend der Mainmündung drängten die Germanen in der Tat über den Strom. Aber Cäsars Angaben über die hundert Gaue der Sueben unter Nasua und Cimberius, die aus dem Innern gekommen waren und am Rhein nur Halt gemacht hatten, um Vorbereitungen zum Übergange zu treffen (S. 11), zeigt, daß es sich dabei mehr um wandernde Scharen als um seßhaft gewordene germanische Stämme gehandelt hatte. Auch die Nemeter, Triboker und Vangionen in der rechtsseitigen Rheinebene waren schon zur

Hälfte über den Strom gezogen. Jedenfalls hat erst der Sieg Cäsars zur Folge gehabt, daß dieses Drängen der Germanen nach Süden und Westen hier in Oberdeutschland ins Stocken kam. Ja die hundert Gaue der Sueben waren auf die Nachricht von der Niederlage Ariovists sofort aufgebrochen und, verfolgt von den erbitterten Ubiern, in ihre thüringische Heimat zurückgekehrt.

Von den Völkerschaften, die sich Ariovist in Gallien angeschlossen hatten (S. 10), blieben drei auf dem linken Rheinufer zurück. Sie müssen sich Cäsars Anordnungen gefügt und von ihm die Aufgabe erhalten haben, nunmehr die Rheingrenze gegen ihre Stammesgenossen auf der anderen Seite zu schützen. Die Triboker bildeten nachmals eine von den Römern organisierte civitas, eine Gaugemeinde, um Brocomagus (Brumath) als Mittelpunkt, die das Unterelsaß vielleicht mit Ausnahme des nördlichsten Teils umfaßte. In der Gegend von Weißenburg und in der Pfalz reihte sich an sie die Gaugemeinde der Nemeter mit dem Vororte Noviomagus (Speyer). In Rheinhessen folgten die ebenso als Gaugemeinde organisierten Vangionen, deren bedeutendste Ortschaft Borbetomagus (Worms) war. Von den übrigen Völkerschaften, die im Heere Ariovists mitgekämpft haben, verschwinden die Haruden und Sedusier vollständig. Die Spuren der Sueben finden wir dagegen am Neckar, und die Markomannen haben noch eine große Rolle in der Geschichte gespielt.

Im unteren Neckarland lag in der römischen Zeit eine Gaugemeinde mit dem Vororte Lopodunum, die sich auf den in Ladenburg gefundenen Inschriften abgekürzt als civitas S. N. bezeichnet. Dem Scharfsinn Zangemeisters ist es gelungen, den abgekürzten Namen zu erraten. Auf einem römischen Grabstein aus der Gegend von Châlons, der dem 2. oder 3. Jahrhundert n. Chr. Geb. angehört, kommt der Name einer Frau vor mit dem Zusatz cives Sueba(e) Nicreti(s). Die Heimat der Verstorbenen war also eine römische Untertanengemeinde am Nicer, am Neckar. Der abgekürzte Name auf den Inschriften von Ladenburg bedeutet civitas Sueborum Nicretum, Gaugemeinde der Neckarsueben. Die erwähnten Inschriften gehören frühestens der Zeit Traians an. Aber die Sueben waren gewiß schon lange vorher in der Gegend angesiedelt, der Name Lopodunum wäre schwerlich erhalten geblieben, wenn auf die keltische nach kurzer Frist nicht eine germanische Niederlassung gefolgt wäre. Die Neckarsueben werden also Abkömmlinge der Genossen Ariovists gewesen sein, die hier in der Pfalz um die Stätte des gallischen Lopodunum sich die Kulturarbeit ihrer Vorgänger zunutze gemacht hatten.

Auch die Markomannen, die Ariovist über den Rhein gefolgt waren, haben sich nach der Schlacht im Oberelsaß auf das östliche Ufer zurückgezogen. Aber in welchem Teile Badens, Württembergs oder Hessens sie ihre Wohnsitze aufschlugen, ist unbekannt, ja es fragt sich, ob sie hier überhaupt zur Seßhaftigkeit übergegangen sind. Gehörten sie doch zu den suebischen Stämmen, von denen der Geograph Strabo mit Bezug auf eben diese Zeit als von den Bewohnern des ganzen Landes vom Rhein bis zur Elbe und über die Elbe hinaus spricht, indem er hinzufügt, es sei allen diesen Stämmen gemeinsam, daß sie wegen ihrer einfachen Lebensweise mit Leichtigkeit von Ort zu Ort wanderten. „Weil sie weder Ackerbau treiben noch Vorräte aufspeichern, sondern in Zelthütten hausen, sind sie nur mit dem täglichen Bedarf versehen. Ihre Hauptnahrung nämlich gewähren ihnen die Herden, gerade wie den Nomaden, so daß sie auch nach deren Art ihre Habe auf Wagen laden und sich mit ihrem Vieh hinwenden, wohin es ihnen gefällt."

In der Zeit des Kaisers Augustus finden wir die Markomannen am Main als Nachbarn der nördlich vom Fluß in der Wetterau und im Taunus wohnenden Chatten. Der ältere Drusus hat hier zwischen 12 und 9 v. Chr. Geb. einen Sieg über sie davongetragen und ein Siegeszeichen errichten lassen. Wenn aber ein später Schriftsteller behauptet, daß er das Volk beinahe bis zur Vernichtung geschlagen habe, so liegt sichtlich ein Mißverständnis vor. Die Markomannen wichen allerdings weiteren Angriffen der Römer aus und zogen sich unter der Führung ihres Königs Marboduus in das alte Boierheim zurück, gründeten aber hier im Laufe weniger Jahre ein Reich, das dem Machtgebiet der Cherusker nach der Varusschlacht mindestens ebenbürtig gewesen ist und die Römer mit großer Besorgnis erfüllt hat. So war nach dem Siege Cäsars über Ariovist auf den Vorstoß der Germanen gegen Westen die rückläufige Bewegung gefolgt.

2. Die Römer am Rhein und an der Donau.

Solange Cäsar mit seinen Legionen in Gallien stand, herrschte am Oberrhein Ruhe. Er selbst ist nicht wieder in die Gegend seines Sieges über Ariovist gelangt. Erst L. Munatius Plancus, dem Cäsar kurz vor seinem Tod die gallische Statthalterschaft übertrug, hat hier, vielleicht in Ausführung der Pläne des Imperators, eine wichtige Gründung vollzogen. Am Golf von Gaeta erhebt sich noch heute auf steilem Vorgebirge über dem Tyrrhenischen Meer das großartige Grabdenkmal dieses Mannes, und die Inschrift, die es trägt, verkündet, daß er in Gallien zwei Bürgerkolonien angelegt habe, Lugdunum und Raurica. In Lugdunum, dem heutigen Lyon, wurden Italiener angesiedelt, die schon länger in der alten gallischen Provinz gewohnt hatten. Die günstige kommerzielle Lage am Zusammenflusse der Rhone und Saone kam der Kolonie zustatten. Lugdunum wurde die Hauptstadt der drei neuen von Cäsar eroberten gallischen Provinzen. Woher die Kolonisten genommen wurden, die sich auf der Vorhöhe des Jura über dem Rheintal 10 km oberhalb Basels niederlassen mußten, ist nicht überliefert. Bei dieser Gründung werden militärische Rücksichten, die Überwachung der Helvetier, die Deckung der Reichsgrenze bestimmend gewesen sein. Die Kolonisten wurden vielleicht aus Veteranen ausgewählt, und ihre Lage in dem fernen Grenzlande mag anfangs nicht eben erfreulich gewesen sein. Aber auch die Colonia Raurica sollte sich zu einer blühenden Stadt bürgerlichen Charakters entwickeln. So tritt sie uns in den stattlichen Ruinen bei Basel-Augst entgegen. Erst in der späten Kaiserzeit, als das rechtsrheinische Gebiet den Römern verloren und der Rhein wieder Reichsgrenze geworden war, diente das Castrum Rauracense in der Nähe der Kolonie am Rheinufer von neuem militärischen Zwecken. Die Entwicklung ist hier zu ihrem Ausgangspunkte zurückgekehrt.

Munatius Plancus rühmt sich in der wahrscheinlich selbstverfaßten Grabinschrift auch eines Triumphes über die Räter. Er hat ihn im Dezember des Jahres 43 v. Chr. Geb. gefeiert. Die Räter waren etruskischer Abstammung und bewohnten Graubünden, das Allgäu und die bayerischen Alpen. Ihr Gebiet umfaßte das ganze Tal des Rheins bis zu dessen Mündung in den Bodensee und grenzte hier an das der Helvetier. Diese werden unter den Einfällen des wilden Bergvolkes wohl ebenso zu leiden gehabt haben, wie die gallischen

Kantone auf der Südseite der Alpen, so daß ihnen Plancus zu Hilfe kam. Ohne den Besitz Rätiens und des nördlichen Alpenvorlandes war an eine Ausbreitung der römischen Herrschaft im südwestlichen Deutschland nicht zu denken. Aber trotz des Triumphes blieb der Feldzug des Plancus ohne dauernden Erfolg. Die völlige Unterwerfung der Räter und ihrer nördlichen Nachbarn, der Vindeliker, der keltischen Bewohner des Flachlandes von den Alpen bis zur Donau, war erst das Werk des Augustus.

Im Jahre 40 v. Chr. Geb. hatte Cäsar Octavianus von Gallien Besitz ergriffen, mußte es aber während des Bürgerkrieges von seinen Legaten verwalten lassen. Erst im Sommer 27 erschien der Kaiser selbst, der kurz zuvor den Namen Augustus angenommen hatte, um die Organisation der seit Cäsars Statthalterschaft ungeordneten und immer nur provisorisch verwalteten Länder zu leiten.

Mit Ausnahme Ägyptens und einiger barbarischer Länder zerfiel das ganze römische Reich in Selbstverwaltungen, deren Träger die Städte waren. Das offene Land war diesen zugeteilt und unterstellt. Auch im südlichen Gallien hatten die Römer diese Organisation durchgeführt. In den von Cäsar eroberten Provinzen knüpften sie dagegen an die aus der Zeit der Unabhängigkeit der Gallier bestehende allgemein keltische Gauordnung an; statt der Städte wurden die oft sehr ausgedehnten Gaue, die Gebiete ganzer Völkerschaften, als Grundlage der Organisation beibehalten. Sie erhielten eine der städtischen entsprechende Gemeindeordnung, Beamte und Rat, duumviri und decuriones, und mit den Rechten auch die Pflichten der Selbstverwaltung. Als Beispiele solcher Gaugemeinden mögen die civitates der Triboker, Nemeter und Vangionen dienen, von denen oben die Rede war. Auch die Helvetier bildeten nur eine einzige Gaugemeinde. Die geschlossenen Ortschaften waren hier überall im Rechtssinne nicht Städte, sondern nur Dörfer, vici, wenn auch ihr Aussehen noch so sehr städtischen Charakter trug. Sämtliche 60 Gaugemeinden wurden auf drei Provinzen verteilt. Dabei kam das Gebiet am Rhein einschließlich Helvetiens zu der Provinz Belgien, und nur insofern nahmen die Gegenden am Rhein eine Sonderstellung ein, als einzig in diesen römische Truppen aufgestellt wurden. In Straßburg, Mainz, Köln und Xanten lagen die Legionen, die hier die doppelte Aufgabe hatten, die Ruhe in Gallien selbst aufrechtzuerhalten und die Grenzen des Reiches gegen die Germanen zu schützen. Die Eroberung rechtsrheinischer Gebiete war vorerst mitnichten ins Auge gefaßt.

Die kaiserliche Regierung unternahm vielmehr zur Sicherung der Nordgrenze Italiens zunächst die Unterwerfung der Alpenvölker und die Ausdehnung des Reiches bis an die Donau. Durch einen kombinierten Angriff der beiden Stiefsöhne des Kaisers wurde im Jahre 15 v. Chr. Geb. das nördliche Alpenvorland erobert. Drusus drang vom Etschtale aus durch die rätischen Alpen nach der schwäbisch-bayerischen Hochebene vor, während Tiberius von Helvetien her dem Bruder im Lande der Vindeliker die Hand bot. Auf dem Bodensee wurden die Kähne der Seebewohner vernichtet, und unweit der Donauquelle sind die letzten Kämpfe ausgefochten worden. Das ganze Land, soweit es von Rätern und Vindelikern bewohnt war, kam durch die Unterwerfung der besiegten Stämme an Rom, und die Donau bildete von nun an hier die Grenze des Reiches. Mit dem oberen Wallis zu der neuen Provinz Rätien vereinigt, wurde das eroberte Gebiet einem kaiserlichen Prokurator unterstellt und militärisch besetzt. Die jüngere kriegstüchtige Mannschaft unter der einheimischen Bevölkerung brachten die Römer außer Landes und verwandten sie als römische Hilfstruppen in anderen Gegenden des Reiches. Truppen gleicher Gattung, sogenannte Auxilien, die aus den nichtrömischen Untertanen anderer Provinzen gebildet waren, kamen dafür zur Überwachung des Landes und zum Schutze der Donaugrenze nach Rätien. Legionen hingegen, die ausschließlich aus römischen Bürgern bestanden, haben bis in die Zeit Marc Aurels in der Provinz nicht gelegen. Für den Notfall genügten die Rheinlegionen, von denen eine um diese Zeit in Vindonissa, dem heutigen Windisch, am Zusammenflusse der Aare und Reuß, ihr Standquartier erhalten hat. So war das südliche Baden nunmehr von zwei Seiten durch die Römer umklammert.

Dem Soldat folgte bald der Händler, dem fahrenden Kaufmann der Kolonist. Wie die Colonia Raurica von Augustus verstärkt wurde und deshalb seinen Namen erhielt, so entstand im Vindelikerlande am Lech eine zweite bedeutende Niederlassung eingewanderter Römer. Die Namen beider Orte, Augst und Augsburg, erinnern noch heute an ihren Erneuerer und Gründer. An diese Hauptplätze reihten sich in der Nähe der Truppenlager und in den Ortschaften der Einheimischen kleinere Niederlassungen, und rasch entwickelte sich südlich der Donau und des Rheins auf Grundlage der auch hier herrschenden älteren Kultur unter italischer Einwirkung ein neues eigenartiges Kulturleben. Wie die klassischen Formen und einheimische Gewohnheit sich in Kunsthandwerk und Gewerbe gegenseitig beeinflußt haben, läßt sich besonders an den Überresten der frühzeitigen römischen Keramik beobachten, die beispielsweise bei St. Johann in Konstanz oder in Eschenz und Stein am Ausflusse des Rheins aus dem Bodensee gefunden worden sind.

Während sich so an diesen und anderen Grenzorten, um das Legionslager von Windisch und im benachbarten Baden an der Limmat, in Augusta Rauracorum und am ganzen linken Rheinufer entlang schon in der frühen Kaiserzeit neues Leben entfaltet, sind für Baden und Württemberg die ersten siebzig Jahre unserer Zeitrechnung vielleicht die traurigste Periode seiner Geschichte. Die ehemals blühende keltische Kultur war vernichtet. Die Germanen, die davon mehr in Trümmer geschlagen als erhalten hatten, waren, ohne so recht zur Seßhaftigkeit gelangt zu sein, wieder abgezogen, und die Römer, die sich nun wohl als Herren des Landes betrachten konnten, zögerten in auffallender Weise, von den doch so fruchtbaren Gegenden Besitz zu ergreifen. Was war es, was sie noch Dezennien lang, die ganze julisch=claudische Zeit hindurch, davon abhielt, das südwestliche Deutschland mit ihrer gallischen Provinz zu vereinigen?

Je genauer wir die Überreste der römischen Kultur im rechtsrheinischen Deutschland kennen lernen, die Lage ihrer Kastelle und Niederlassungen, den Lauf der Römerstraßen, die Eigenart der Erzeugnisse, um so deutlicher zeigt sich, was wir eingangs als allgemeines Ergebnis der archäologischen Forschung bezeichnet haben, daß auch die Römer überall an das Vorhandene angeknüpft, Bestehendes geschont und benutzt haben. Bereits kultivierte Gebiete, blühende, bevölkerte, wohlangebaute Landstriche haben die Römer angezogen. Die Wildnis, oder wie in unserem Falle, halbverlassene, verwilderte Gegenden wurden von ihnen nach Möglichkeit gemieden.

Auch am Unterrhein hat Augustus sich nur mit Widerstreben dazu bewegen lassen, die Herrschaft Roms über den Strom hinaus auszudehnen. Die Sicherheit Galliens schien es hier unbedingt zu fordern. Kurz vor dem rätischen Krieg waren von neuem die Germanen in die Provinz eingebrochen, hatten eine römische Legion vernichtet und ihren Adler genommen und waren unbehelligt über den Rhein zurückgekehrt. Die Niederlage mußte gerochen, das Ansehen der römischen Waffen wiederhergestellt werden. Dazu kamen militärische Gründe anderer Art. Die Grenze gegen die Germanen lief von der

mittleren Donau flußaufwärts bis an die Quelle, sprang hinüber
zum Bodensee und folgte von da dem Rhein in seiner ganzen Länge
bis zur Mündung. Das war eine Linie von ungeheurer Ausdehnung.
Gelang es, die Grenze weiter nach Osten zu verlegen und statt des
Rheins und der Donau die Elblinie zu gewinnen, so konnte man
hoffen, daß die Truppen, die das Reich zum Schutze seiner Nord=
grenzen brauchte, sich beträchtlich würden herabsetzen lassen. So wurde
das Werk der Eroberung Deutschlands von Norden aus in Angriff
genommen.

Nach zwanzigjährigen Kämpfen konnten die Römer glauben, in
Nieder= und Mitteldeutschland dem Ziele nahe zu sein. Von der Nord=
see bis zum Main und ostwärts bis zur Elbe hatten die germanischen
Stämme die Oberhoheit Roms anerkannt, und römische Statthalter
begannen die Einführung römischer Verwaltung ins Werk zu setzen.
Ein kombinierter Angriff vom Rhein und von der Donau aus sollte
schließlich auch das Reich der Markomannen in Böhmen unterwerfen,
als im Jahre 6 n. Chr. Geb. der Ausbruch des pannonischen Auf=
standes die römischen Heerführer zum raschen Abbruch der bereits
begonnenen Operationen zwang. Und als nach vierjährigen gewaltigen
Anstrengungen die Herrschaft Roms an der mittleren Donau wieder=
hergestellt war, traf fast gleichzeitig mit der Meldung von der Unter=
werfung der letzten Empörer in Rom die Nachricht ein vom Unter=
gange des Varus und seiner Legionen in Germanien. Wie der Sieg
Cäsars über Ariovist das Schicksal Galliens entschieden und dem Vor=
bringen der Germanen Halt geboten hat, so war durch die Schlacht
im Teutoburger Walde die Unabhängigkeit der Germanen gerettet
und den Eroberungen Roms ein Ziel gesetzt.

In den Jahren 14—16 n. Chr. Geb. haben die Römer zwar
noch einmal versucht, ihre Herrschaft über die Germanen wieder auf=
zurichten. Aber die Opfer an Gut und Blut wurden immer uner=
schwinglicher, während ein dauernder Erfolg trotz glänzender Waffen=
taten ausblieb. Im Winter des Jahres 16 auf 17 ließ Kaiser Tiberius
die Unternehmungen abbrechen und befahl die Räumung aller Stel=
lungen im Innern Germaniens. Rom hatte auf die Ausdehnung
seiner Herrschaft bis zur Elbe verzichtet.

Mit der Einstellung der kriegerischen Unternehmungen wurde
auch das Oberkommando über die Rheinarmee, das bisher in einer
Hand gelegen hatte, aufgelöst, und die acht nach wie vor auf die

Rheinlager von Windisch bis Xanten verteilten Legionen unter den Befehl zweier kaiserlicher Legaten gestellt. Seitdem gibt es ein oberrheinisches und ein unterrheinisches Heer, deren Hauptquartiere in Mainz und in Köln liegen.

Am Unterrhein hatten die Römer schon vor dem Verzicht auf rechtsrheinische Eroberungen die germanischen Völkerschaften teils auf das linke Ufer überführt, teils vom Strome abgedrängt und auf diese Weise das angrenzende Land künstlich entvölkert. Das wurde jetzt erst recht aufrechterhalten. Nur an wenigen Stellen, wie Mainz gegenüber am Fuße des Taunus, haben römische Ansiedlungen sich behauptet. Kaiser Claudius ließ die Zurücknahme aller Besatzungen vom rechten Rheinufer besonders streng durchführen, und im Jahre 58 n. Chr. Geb. versagte Nero den Friesen, die sich auf dem Ödlande niederzulassen gedachten, die nachgesuchte Erlaubnis. Nur eine spärliche, reichsuntertänige Bevölkerung wurde innerhalb des Streifens geduldet, der den Rhein von den freien Germanen getrennt hat.

Am Oberrhein war dieser Zustand von selbst eingetreten. Alle die Jahre hindurch, in denen am Unterrhein und an der Donau so heiß gekämpft wurde, herrschte hier vollkommene Ruhe. Vielleicht hat gerade die Erfahrung, die man hier mit der Ostgrenze machte, die künstliche Entvölkerung und Verödung des Vorlandes am Unterrhein empfohlen. Als Claudius einen Teil der am Rhein stehenden Truppen zur Eroberung Britanniens brauchte, wurde die 2. Legion, die in Straßburg stand, von dort abkommandiert und nicht wieder ersetzt. Die Räumung des Straßburger Legionslagers muß unbedenklich erschienen sein, und die Besitzergreifung des rechtsrheinischen Landes lag damals noch in weiter Ferne. Zu der an sich schon vorhandenen Abneigung, das verwilderte und verlassene rechtsrheinische Gebiet in Oberdeutschland einzubeziehen, war in verstärktem Maße die Rücksicht auf die Sicherheit der Grenzen und auf möglichst mühelosen Grenzschutz hinzugekommen.

Die Neckarsueben um Lopodunum standen wahrscheinlich in jenem losen Untertanenverhältnis zu Rom, das wir von den Batavern am Niederrhein kennen. Noch hie und da mag ein anderes zurückgebliebenes Häuflein keltischer oder germanischer Abstammung unter ähnlichen Verhältnissen in der Rheinebene geduldet worden sein. Auf diese Erklärung müßte man greifen, wenn sich bestätigen sollte, daß in Riegel am Nordfuße des Kaiserstuhls schon in der augusteischen Zeit eine Ansiedlung bestanden hat. Außer keltischen Silbermünzen sind dort eine republikanische und 22 augusteische Münzen sowie 5 Stücke des Tiberius (unter ca. 160 römischen Münzen) gefunden worden, die freilich auch erst später dahin gekommen sein können. Auch die Erhaltung des Namens Tarodunum spricht dafür, daß im nördlichen Breisgau nicht alle Fäden der Tradition abgerissen waren. Im übrigen fehlen in unserem Lande Funde frührömischer Zeit durchaus. Auch die archäologische Durchforschung bestätigt lediglich, was wir aus der geschichtlichen Überlieferung oder eigentlich aus dem Fehlen irgendwelcher Nachrichten schließen müssen, daß Baden und die angrenzenden Teile von Hessen und Württemberg in der ersten Kaiserzeit so gut wie verlassen und verödet waren.

Drittes Kapitel.
Die Zeit der Flavier.

1. Der Germanenkrieg des Cornelius Clemens und die ersten Straßenbauten.

Man nimmt gewöhnlich an, daß die römische Besitzergreifung rechtsrheinischer Gebiete durch den Unternehmungsgeist einzelner angebahnt und herbeigeführt worden sei, gallischer Abenteurer, die sich im Laufe der Zeit über den Rhein und die Donau gewagt und auf eigene Gefahr in dem herrenlosen Gebiet niedergelassen hätten. Diese Anschauung beruht auf der berühmten Stelle im 29. Kapitel der Germania des Tacitus, wo der Autor nach Aufzählung der von den Römern abhängigen Germanen am rechten Rheinufer sagt: „Nicht möchte ich unter die Völkerschaften Germaniens die Leute rechnen, wiewohl sie jenseits des Rheins und der Donau sich niedergelassen haben, die die Dekumaten-Äcker bebauen; levissimus quisque Gallorum et inopia audax, leichtfertiges Volk aus Gallien, durch Armut verwegen gemacht, nahmen sie den Boden zweifelhaften Besitzes in Beschlag. Nachdem dann der Limes angelegt und die Besatzungen vorgeschoben worden sind, gelten sie als Ausbuchtung des Reiches und Teil der Provinz." Diese von Tacitus im Jahre 98 geschriebenen Worte haben sehr verschiedene Auslegung erfahren. Der Ausdruck Dekumaten kommt sonst nicht vor, und es läßt sich deshalb nicht aus anderen Beispielen seiner Verwendung ermitteln, was er bezeichnet und warum die Äcker oder seine Bebauer so genannt wurden. In der Regel versteht man allerdings Zehntpflichtige darunter, zehntpflichtige Ländereien oder zehntpflichtige Bauern, und meint, daß es sich um irgendeine Form der Überlassung von Ackerland an Private gegen jährliche Abgabe des Zehnten vom Ertrag gehandelt habe. Das wäre dann aber etwas ganz anderes gewesen, als bloß private Unternehmungen einzelner Abenteurer. Denn die Forderung einer Ertragsquote setzt einen Eigentümer, eine Art Pachtverhältnis voraus, und die Einziehung des Zinses, eben des Zehnten, ist ohne Überwachung, ohne das Bestehen einer geordneten Verwaltung nicht zu denken. Dazu kommen andere Bedenken gegen die Auffassung, daß die Ansiedler sich nach und nach und auf eigene Faust im rechtsrheinischen Gebiet angebaut hätten.

Die Kolonisten werden von Tacitus mit den Batavern am Niederrhein und den Mattiakern in der Gegend von Wiesbaden zusammengestellt, und nicht ihrer geringeren Zahl, sondern nur ihrer gallischen Abstammung wegen will er sie nicht zu den germanischen Völkerschaften rechnen. Durch den spöttischen Ton, mit dem er von ihnen redet, darf man sich also nicht beirren lassen. Sie müssen schon sehr zahlreich gewesen sein, wenn ihre Erwähnung bei Tacitus gerechtfertigt war. Dekumaten-Acker ist bei ihm die Bezeichnung des ganzen Landes zwischen dem Rhein und der Donau, das im Jahre 98 nach der Anlage des Limes und nach der Vorschiebung der Truppen als erweitertes Reichsgebiet und als Teil der römischen Provinz galt und nicht den Mattiakern und etwa unterworfenen Chatten gehörte. Die Grenzen dieses Gebietes lassen sich bestimmen; es umfaßt beinahe ganz Baden und große Teile von Württemberg und Hessen.

Die Öffnung der Reichsgrenze für Auswanderer in so großer Zahl, die Zulassung von Ansiedlungen in ihrer Nachbarschaft von solchem Umfange sind in keiner Form ohne irgendwelche staatliche Aktion zu denken, ohne entschiedene Umkehr von der bisher dem überrheinischen Grenzlande gegenüber festgehaltenen Politik. Die Regierung, die im Jahre 58 unter dem Kaiser Nero den Friesen noch die Erlaubnis zur Ansiedlung im Ödlande versagt, muß jetzt in Oberdeutschland die Wiederbesiedlung nicht bloß geduldet, sondern gewünscht und in die Wege geleitet haben. Sie kann den privaten Unternehmungsgeist benutzt haben, um die Einverleibung des fraglichen Landes in den Reichsverband vorzubereiten und zu ermöglichen, aber sie hat sich schwerlich von ihm leiten lassen. An die Stelle ängstlicher Zurückhaltung ist hier wenigstens ein entschiedenes Vorwärtsstreben getreten. Wir können den Zeitpunkt noch bestimmen und die Gründe erraten, die zur römischen Besitzergreifung rechtsrheinischen Gebietes in Südwestdeutschland geführt haben. Sie war das Werk Vespasians.

Am 1. Juli 69 ist Vespasian in Alexandrien zum Imperator aus=

gerufen worden, im Dezember haben in seinem Namen die Donau=
legionen Vitellius gestürzt und Rom besetzt, und im Sommer 70 traf
der neue Kaiser in der Hauptstadt ein. Inzwischen hatte der Aufstand
der Bataver und die Meuterei eines Teiles der Legionen den Bestand
der römischen Herrschaft am Rhein in große Gefahr gebracht. Die
21. Legion aus Windisch und die rätischen Auxilien waren die ersten
Truppen, die auf Befehl Vespasians zur Wiederherstellung der Ord=
nung am Mittelrhein erschienen. Bald darauf rückten aus Italien,
Spanien und Britannien weitere Legionen heran, und noch im Herbst
gelang es, den Aufstand zu unterdrücken.

Die Empörer hatten auch unter den Tribokern und Vangionen
Aushebungen veranstaltet. Beim Herannahen der Truppen Vespasians
waren die Ausgehobenen aber gleich zu diesen übergegangen. Im
übrigen ist am Oberrhein die Ruhe in keiner Weise gestört worden.
Gleichwohl wurde bei der Neuverteilung der Truppen im Jahre 70
der Bestand des obergermanischen Heeres um eine Legion erhöht.
Während in Mainz wie bisher zwei, in Windisch eine Legion ver=
blieben, erhielt auch das Legionslager in Straßburg jetzt wieder seine
volle Besatzung: es war die 8. Legion mit dem Beinamen Augusta,
die von nun an durch drei Jahrhunderte hier gelegen hat. Die Ver=
stärkung des obergermanischen Heeres läßt sich als Vorbereitung mili=
tärischer Unternehmungen begreifen, die alsbald ins Werk gesetzt wur=
den. Schon in den nächsten Jahren ließ Vespasian das obere Neckar=
gebiet in Besitz nehmen und definitiv mit dem Reiche vereinigen.

Kein Schriftsteller berichtet über diesen Krieg. Aber die
Tatsache, daß er in den ersten Jahren Vespasians stattgefunden
hat, steht durch zufällig erhaltene Inschriften fest. Es fragt sich zu=
nächst, wer denn dabei die Feinde der Römer gewesen sind.

Wenn man aus dem Erfolg eines Feldzuges auf die Richtung
schließen darf, in der die Gegner gesucht werden müssen, so wird man
in ein Gebiet geführt, wo im Gegensatz zu andern Teilen von Süd=
westdeutschland alte Ortsnamen erhalten sind, in die Gegend zwischen
dem Schwäbischen Jura und dem Schwarzwald. Brigobanne, Su=
melocenna und Grinario (S. 17) sind keine römischen Bildungen.
Auch hier waren also die Fäden der Tradition nicht abgerissen. In
dieser von der Natur besonders geschützten Landschaft am oberen Neckar
und auf der Baar hatten sich vielleicht Bewohner gehalten. Auch die
Rauhe Alb war wenigstens unberührt geblieben von der römischen

Invasion und aller Wahrscheinlichkeit nach von germanischen Wanderungen. Vorrömische Straßen und vorrömische Ringwälle beweisen, daß der Schwäbische Jura und besonders die Alb keineswegs unbewohnt waren. Erinnern wir uns, daß in eben dieser Gegend im Jahre 15 v. Chr. Geb. das letzte Treffen gegen die Vindeliker geschlagen worden ist, und daß sich wahrscheinlich Reste der Boier am Neckar gehalten hatten (S. 19), so werden wir vermuten dürfen, daß die Gegner der Römer jetzt wieder Kelten waren. Der Feldzug heißt offiziell allerdings der Germanische Krieg. Daraus läßt sich aber kein Schluß auf die Abstammung der Gegner ziehen. In Rom machte es ganz andern Eindruck, wenn es hieß, das kaiserliche Heer habe einen Sieg in Germanien jenseits des Rheins davongetragen, als wenn von der Überwindung eines gallischen Völkchens berichtet worden wäre.

Anderseits hatten wir aber auch Germanen bereits in der Zeit Cäsars als Nachbarn der Helvetier am Oberrhein angetroffen, wohin sie nicht wohl anders als vom Neckar her und über die Baar gelangt sein können. Möglicherweise waren von diesen Reste zurückgeblieben, wie jene Triboker, die mit den Boiern zusammen in der Kaiserzeit wieder am Neckar auftauchen. Vor allem ist erwiesen, daß inzwischen germanische Völkerschaften aus dem Norden von neuem nach Oberdeutschland vorgedrungen waren. So nennt Tacitus Hermunduren an der oberen Donau, freilich als Freunde der Römer, denen allein vor allen Germanen gestattet worden sei, nicht bloß an der Flußgrenze Handel zu treiben, sondern allenthalben und ohne Bedeckung bis in das innere Land und selbst in die Hauptstadt der rätischen Provinz, in die Römerstadt Augsburg, zu kommen: „Und während wir den übrigen Barbarenvölkern nur unsere Waffen und unsere Feldlager weisen, haben wir diesen unsere Häuser und Villen aufgetan, ohne daß sie es gefordert haben." Ein solcher freundnachbarlicher Verkehr hätte schwerlich im Jahre 98 bestanden, wenn die Hermunduren kurz vorher noch die Gegner der Rheinlegionen gewesen wären. Jedoch auch andere Germanen können wieder über den Main gekommen sein. Im zweiten Jahrhundert sind Chatten in Oberdeutschland und greifen im Jahre 172 Rätien an. Das Verhältnis der Chatten zu den Römern war aber immer ein gespanntes. Gerade während des Bataveraufstandes hatten sie und die Mattiaker Mainz angegriffen und belagert. Leicht wäre es möglich, daß die Schuldigen sich nach Süddeutschland gewendet hatten, um der Strafe Vespasians zu entgehen.

Was wir im einzelnen über den Feldzug wissen, hat Zangemeister aus dem epigraphischen Material erschlossen. Mit der Führung des Krieges wurde der Befehlshaber des obergermanischen Heeres Cn. Pinarius Cornelius Clemens betraut. Außer den vier Legionen, die in Mainz, Straßburg und Windisch lagen, verfügte er über mindestens sechs Alen Reiterei und zwölf Kohorten teilweise berittener leichter Infanterie. Trotz dieser sehr erheblichen Streitkräfte, die dauernd zum obergermanischen Heere gehörten, waren noch weitere Auxilien aus einer oder mehreren andern Provinzen herangezogen und unter das Kommando eines eigenen Präfekten gestellt worden. Da dieser Posten des Befehlshabers „aller Hilfstruppen gegen die Germanen" zwei Offizieren der fünften, zum untergermanischen Heere gehörigen Legion übertragen wurde, so wird man annehmen können, daß auch die Truppen vorzugsweise von dort abkommandiert waren. Der erste, der sie befehligt hat, Cn. Domitius Tullus, wurde während des Krieges nach Numidien versetzt, und sein Bruder Cn. Domitius Lucanus trat an seine Stelle. Beide hatte der Kaiser kurz zuvor im Jahre 73 unter die Patrizier aufgenommen.

Wahrscheinlich in demselben Jahre, spätestens im folgenden, drang das römische Heer in das rechtsrheinische Gebiet vor. Mehrere Treffen müssen erfolgreich gewesen sein. Wenn ein kaiserliches Heer auch unter dem Kommando eines Legaten einen Sieg davontrug, pflegte doch der Kaiser selbst sich die Benennung Imperator beizulegen und mit der Zahl, die angab, zum wievielten Male es geschehen war, in seinem Titel zu führen. Gerade in den Jahren 73 und 74, in denen allerdings auch in andern Provinzen gefochten wurde, hat Vespasian das mehrfach getan. Aber auch der siegreiche Feldherr Cornelius Clemens selbst erhielt die höchste militärische Auszeichnung: die Triumphalabzeichen wurden ihm „wegen des glücklich geführten Feldzuges in Germanien" verliehen, während die Brüder Domitius Tullus und Domitius Lucanus die üblichen militärischen Orden und Ehrenzeichen für Offiziere davontrugen. Im Frühjahre 74 war der Krieg jedenfalls noch nicht beendet. Denn als im März diejenigen Mannschaften der Auxiliartruppen, die 25 Jahre gedient hatten, im ganzen Reiche durch kaiserliche Konstitution wie üblich das römische Bürgerrecht und die ehrenvolle Entlassung erhielten, wurden die emeriti, die ausgedienten Mannschaften, der Alen und Kohorten unter dem Befehle des Clemens zwar auch mit dem Bürgerrechte beschenkt, aber nicht gleichzeitig entlassen.

Jedenfalls stellte man ihnen für weiteres standhaftes Aushalten besondere Belohnungen in Aussicht, und es ist nicht unwahrscheinlich, daß sie nach Beendigung des Krieges in der Schweiz im Gebiete von Aventicum Land erhielten und daß diese Stadt ebendeshalb damals zur Kolonie erhoben und Colonia Flavia Constans Emerita benannt wurde.

Gleich im Jahre 74, also noch während des Krieges, ließ Cornelius Clemens eine Militärstraße von Straßburg aus über den Rhein, durch das Kinzigtal und über den Schwarzwald hinweg bis nach der Donau erbauen. Ein Meilenstein dieser Straße, auf dem neben den Namen Vespasians und seiner Söhne Cornelius Clemens selber sich nennt, ist bei Offenburg gefunden worden. Sie überschritt bei Rottweil den Neckar, und hier entstand ein dem Kaiserkultus geweihtes Heiligtum mit verschiedenen Altären für den Kaiser, seine Söhne und vermutlich für die Göttin Roma. Seitdem heißt der Ort Arae Flaviae. In Rom wurden die Erfolge des kaiserlichen Heeres jedenfalls sehr gefeiert. Es mag die Hauptstadt besonders befriedigt haben, daß die Eroberungen gerade auf dem rechten Rheinufer lagen, das seit der Zeit des Augustus und Tiberius aufgegeben schien. Vespasian hat in der ersten Hälfte des Jahres 75, weil die Grenzen des Reiches erweitert worden waren, eine nur in diesem Falle zulässige Ausdehnung des Pomeriums, des Weichbildes der Hauptstadt, vollzogen.

Das sind ohne wesentliche Zusätze die tatsächlichen Vorgänge, die sich aus den Inschriften erschließen lassen. Sie werden durch die archäologischen Funde in dem eroberten Lande selbst bestätigt.

Die seit langer Zeit in der Umgebung Rottweils angestellten, auch von der Limeskommission geförderten Ausgrabungen haben erwiesen, daß mitten in der ausgedehnten, wie oben vermutet wurde (S. 16), vorrömischen Befestigung ein römisches Kastell lag. Eine Anzahl gestempelter Ziegel der 11. Legion, die seit dem Jahre 70 in Windisch stand, beweisen, daß Baumaterial von dort bezogen worden ist. Namentlich für die bei den Kastellen niemals fehlenden Militärbäder waren feinere Ziegel erforderlich, die nur in besonders dafür eingerichteten Ziegeleien hergestellt wurden. An Ort und Stelle werden dagegen die gleichfalls in Rottweil vertretenen Ziegel der 1. Kohorte der Biturigen gefertigt worden sein und deshalb als Zeugnisse dafür gelten können, daß diese Truppe hier gelegen hat. Sie gehörte im Jahre 74 zum obergermanischen Heer. Unter den Tonge=

fäßen und Bronzefibeln aus Rottweil sind die Erzeugnisse der älteren
Flavierzeit besonders stark vertreten, und unter den bis 1895 hier
gefundenen römischen Münzen befinden sich 66 Stücke allein von
Vespasian.

Aber diese charakteristischen Funde sind keineswegs auf Rottweil
beschränkt. Sie begegnen an zahlreichen Stellen längs der römischen
Militärstraße, die Windisch mit Rottweil verbunden hat. In dem
Straßennetz der späteren Kaiserzeit bildet diese Verbindung ein Glied
des großen Straßenzuges von Basel=Augst über Windisch nach Regens=
burg. Noch auf der Peutingerschen Tafel, der einzigen auf das Alter=
tum zurückgehenden Straßenkarte, die erhalten ist, findet sich diese
Straße mit ihren Stationen verzeichnet. Der Abschnitt von Augst
nach Windisch hat natürlich in der Flavierzeit längst bestanden. Die
Straße Windisch=Rottweil ist unmittelbar nach dem Jahre 74 von
den Römern angelegt oder vielmehr im Anschluß an vorrömische
Wege ausgebaut worden.

Von Windisch aus führte sie in nördlicher Richtung zum Rhein,
überschritt den Strom oberhalb der Aaremündung bei Zurzach, der
Station Tenedo der Straßenkarte, führte an Hallau vorbei durch den
westlichen Teil des Kantons Schaffhausen nach Schleitheim, wo nach
den Entfernungsangaben auf der Peutingerschen Tafel der Ort Julio=
magus lag. Auf dieser ganzen Strecke finden sich an der Straße selbst
und seitwärts von ihr in geringem Abstande die Überreste römischer
Niederlassungen, und überall begegnen Ziegel mit den Stempeln der
21. Legion, die bis zum Jahre 70 die Besatzung von Windisch gebildet
hat (S. 34), der 11. Legion, die an ihre Stelle getreten ist, und der
26. Kohorte freiwilliger, römischer Bürger, die gleichfalls in Windisch
gelegen haben muß. Da von den Truppen hergestelltes Baumaterial
sonst ausschließlich zu Militärbauten verwendet wurde, muß das Vor=
kommen der Truppenstempel von Windisch an diesen Fundorten einen
besonderen Grund haben. Waren es wirklich, wie es den Anschein hat,
bürgerliche Niederlassungen, so hat die Militärverwaltung hier die
Ansiedlungen durch Abgabe von Baumaterial unterstützt. Sie müssen
unmittelbar nach dem Feldzuge des Jahres 74 entstanden sein, denn
viel länger können in Windisch Vorräte von Ziegeln der 21. Legion
nicht zur Verfügung gestanden haben. Auch in Schleitheim sind nicht
allein dieselben Ziegel gefunden worden, sondern ein so reiches Ma=
terial an Tonwaren, Bronzen und Münzen der Flavierzeit, daß hier

Die Zeit der Flavier.

eine bedeutendere Niederlassung, vielleicht auch ein zum Schutze der Straße angelegtes Kastell angenommen werden muß.

Die nächste größere Station der Straße lag bei Hüfingen. Sie trat dort in das Tal der Breg, die 3 km weiter nördlich sich mit der Brigach vereinigt und, wie man sagt, die Donau zuweg bringt. Hüfingen ist ein uralter, schon in neolithischer Zeit bewohnter Ort. Auf der Peutingerschen Tafel steht er als Brigobanne verzeichnet. Sechs keltische Münzen, zwei Mittel-La-Tène-Fibeln und neun Römermünzen aus dem Ende des 2. Jahrhunderts v. Chr. Geb. und der Zeit Sullas und Cäsars bestätigen, daß der Übergang von der keltischen in die Römerzeit hier nicht unterbrochen war. Den Aufschwung, den der Ort jetzt nahm, bekunden die Überreste ansehnlicher Römerbauten, namentlich eines wohlerhaltenen Bades. Wie in Schleitheim wird auch hier ein Kastell zum Schutze der Straße angelegt worden sein. Die Einzelfunde zeigen ganz die gleichen Typen wie dort, und die Ziegel tragen wieder die Stempel der 11. Legion. Von Hüfingen und der Donauquelle führte die Straße über die niedrige Wasserscheide an den Neckar zum Kastell bei Rottweil.

Die von Straßburg-Kehl über Offenburg und durch das Kinzigtal angelegte Straße fehlt auf der Peutingerschen Tafel, wie alle übrigen Römerstraßen im rechtsrheinischen Gebiet, das zu der Zeit, als die Straßenkarte entworfen wurde, nicht mehr in römischem Besitz war. Auch die andere Straße von Vindonissa nach Arae Flaviae hat der Zeichner der Karte nur deshalb aufgenommen, weil er irrtümlicherweise annahm, daß sie ganz auf dem rechten Donauufer liege. Gleichwohl steht auch der Lauf der Kinzigtalstraße dank den Nachforschungen Schumachers hinlänglich fest. Nach Kehl, das zur Deckung des Rheinüberganges jedenfalls befestigt und besetzt war, lag die erste Station bei Offenburg. Mit Sicherheit ist hier ein Kastell anzunehmen. Der Grabstein eines während seiner Dienstzeit gestorbenen Centurionen der 1. Thrakischen Kohorte ist in Offenburg gefunden worden. Die Truppe, die wieder zum obergermanischen Heere des Cornelius Clemens gehört hat, bildete wahrscheinlich die Besatzung des Offenburger Kastells. Weitere, minder wichtige Stationen waren wohl Gengenbach und Haslach im Kinzigtal, die als Fundstätten römischer Altertümer bekannt sind. Oberhalb Schiltachs erstieg die Straße die Wasserscheide. Auf der Höhe, bei dem sogenannten Schänzle in der Nähe von Röthenberg, lag ein Heiligtum der Abnoba, der Göttin des Schwarzwalds.

Ein im Dienst ergrauter Soldat, O. Antonius Silo, der Centurio in sechs Legionen, zuletzt in der 11. und 22. war, hat ihr hier in der Zeit Domitians ein Denkmal gesetzt. Die 22. Legion ist im Jahre 89 nach Obergermanien gekommen. In welcher Eigenschaft Silo hier auf dem Schwarzwalde war, ist aus seinem Votivsteine nicht ersichtlich. Ein römisches Kastell ist an dieser Stelle nicht nachgewiesen, auch wenig wahrscheinlich, weil ein solches nur 1 $^1/_2$ Stunden entfernt an der Fortsetzung der Straße nach Rottweil bei Waldmössingen lag. Wahrscheinlich hat Silo hier das Kommando geführt, denn die Besatzungen dieser kleineren Kastelle standen nicht selten unter dem Befehl von Legionscenturionen.

Das Kastell Waldmössingen ist durch die Limeskommission untersucht worden. Ursprünglich war es ein reines Erdwerk, als solches wahrscheinlich im Jahre 74 errichtet, später hatten es die Römer mit wenig abgeändertem Grundriß in Stein umgebaut. Aber auch nach dem Umbau hat es nur etwa bis in die Zeit Traians bestanden. Von Waldmössingen nach Rottweil ist der Lauf der hier südöstlich gerichteten Straße zum guten Teil noch heute äußerlich sichtbar. Sie setzte sich aber in der gleichen Richtung auch jenseits Rottweils fort und erreichte in der Nähe von Tuttlingen die Donau. Von der Stelle des Donauüberganges führte auf dem südlichen Ufer eine Straße, anfangs sich in der Nähe des Flusses (über Mengen, Ristissen und Finningen) haltend, nach Augsburg.

Durch die Herstellung dieser direkten Straße von Straßburg nach der Donau wurde die Verbindung der Legionslager am Rhein mit Rätien und den übrigen Donauprovinzen bedeutend abgekürzt. Schon während des Bataveraufstandes muß es hinderlich gewesen sein, daß die rätischen Truppen, um von ihren Donaukastellen an den Mittelrhein zu kommen, den weiten Umweg über Bregenz, Windisch und Augst machen mußten, und daß sie auch nur auf demselben Wege zurückkehren konnten in ihre Garnisonen. Gleich darauf, noch im Jahre 70, wurde eine Legion, wahrscheinlich die 7. Claudia, vom obergermanischen Heere nach der unteren Donau abkommandiert, weil der Statthalter Mösiens, Fonteius Agrippa, eine schwere Niederlage erlitten hatte und von den Sarmaten getötet worden war. Eile tat gewiß not, aber es gab keine andere Möglichkeit, die Legion mußte wieder, um nach Rätien und weiter zu gelangen, das Rheinknie bei Basel umgehen. Die ganze julisch-claudische Zeit hindurch hatte man diesen Mißstand im Interesse des Grenzschutzes ertragen. Das militärische Interesse, wie Vespasian es verstand, forderte seine Beseitigung. Die Kinzigstraße ist kein gewöhnlicher Verkehrsweg, sie ist eine Verbindung für den Truppenverkehr so gut wie unsere strategischen Bahnen. Als Ausgangspunkt steht Argentorate auf dem Offenburger Meilenstein, als Ziel und Endpunkt der Straße liest man noch IN R.., das hieß in r(ipam Danuvii), bis an die Donau. Bedenkt man, daß die Straße im Jahre 74 noch während des Krieges gebaut worden ist, so ergibt sich, daß der ganze Feldzug des Cornelius Clemens wahrscheinlich keinen andern Zweck hatte, als die Herstellung einer besseren Verbindung der Rheinlande und der Donauprovinzen. Mit der Vollendung der Straße von Straßburg über Rottweil nach Tuttlingen war aber dieses Ziel nur zur Hälfte erreicht.

2. Die Heerstraße von Mainz nach der Donau.

Weit wichtiger als die Anlage der Straße von Straßburg nach dem östlichen Teile Rätiens nördlich vom Bodensee war es, Mainz auf nächstem Wege mit den Donauländern zu verknüpfen. Nicht allein war Mainz der Standort zweier Legionen und das Hauptquartier des obergermanischen Heeres, sondern die durch Germanien getrennten Provinzen ließen sich nur so einander wirklich näherrücken. In der augusteischen Zeit hatten die Römer vom Niederrhein und der Nordsee aus gleich die Elblinie zu gewinnen gesucht, um den Winkel, den die Donau und der Rhein miteinander bilden, abzuschneiden. Die Flavier suchten die Aufgabe in weiser Beschränkung nicht von der Basis, sondern vom Scheitel des großen durch die drei Ströme gebildeten Dreiecks aus abschnittsweise zu lösen. Die nächste Parallele zur Kinzigtallinie war der Weg aus dem Rheintal über das Neckarbergland nach dem Cannstatter Becken und weiter durch das mittlere Neckartal mit seiner südöstlichen Fortsetzung dem Tale der Fils und über die Schwäbische Alb in möglichst direkter Richtung auf Augsburg. Diese Verbindung ist gleichfalls unter den Flaviern hergestellt worden, aber wahrscheinlich erst ungefähr anderthalb Dezennien später als jene. Die frühesten Funde in dieser Linie gehören der Zeit Domitians an.

In der Übersicht über die römischen Straßen im Limesgebiet,

die v. Sarwey auf Grund der Arbeiten der Limeskommission gegeben hat, ist darauf hingewiesen, daß die Anlage der Kinzigtalstraße im Jahre 74 keinen Sinn gehabt habe, wenn die Römer schon damals entschlossen waren, sofort nach Besetzung der oberen Neckargegend von dort aus nach dem mittleren Neckar vorzudringen. Die römischen Neckarkastelle unterhalb Rottweils reichen in der Tat nicht wie dieses in frühflavische Zeit zurück. Selbst in dem nur 24 km nördlich von Rottweil hoch über dem Neckar gelegenen Kastell Sulz sind keine Funde gemacht worden, die in die Frühzeit Vespasians wiesen. Es war mit Rottweil und Waldmössingen durch Militärstraßen verbunden, die gradlinig über das Plateau auf beiden Seiten des Flusses ziehen und noch heute stundenweit fahrbar sind. Aber sie haben über Sulz hinaus nach Norden keine entsprechende Fortsetzung. Das Kastell war also nur ein vorgeschobener Posten, an dem die Römer zunächst wieder Halt gemacht hatten. Dem entspricht auch seine Lage auf der Höhe, 80 m über dem rechten, östlichen Ufer des Neckar auf zungenförmigem Vorsprung hart am Rande des Plateaus, einer Warte vergleichbar, die das Tal und die Gegend weithin beherrscht. Wenn die Römer erst in der domitianischen Zeit über diesen Punkt hinaus weiter nach Norden vorgegangen sind, so muß es gleichzeitig mit der Anlage der zweiten Straße nach Rätien, der Linie über Cannstatt geschehen sein, und dann zeigt sich hier wieder, wie bei der Anlage der ersten Rhein=Donau= straße über Rottweil, die Unterstützung der Hauptlinie durch einen seit= lichen Arm von Süden. Es empfiehlt sich wieder, zuerst diesen genauer zu betrachten.

Auf der Peutingerschen Karte folgt auf Arae Flaviae die Station Sumelocenna, das heutige Rottenburg. Die Straße führt, das Kastell Sulz links liegen lassend, weit ab vom Fluß direkt über das Plateau fast am Fuße der Alb hin. Von einer Deckung durch den Neckar kann also hier keine Rede sein. In Rottenburg sind die Römer erst in späterer Flavierzeit ganz heimisch geworden. Denn die Funde reichen kaum über den Ausgang des ersten Jahrhunderts zurück. Anfangs wird eine Garnison hier gelegen haben, denn eine Weihinschrift an Jupiter nennt als Stifter eine ala Vallensium, eine Reitertruppe aus Wallisern. Diese Abteilung ist freilich sonst gänzlich unbekannt, und auch die Stelle des Lagers ist noch nicht aufgefunden worden. Denn das Altstadtkastell auf der Höhe über dem rechten Ufer des Neckars bei Rottenburg ist ein Zufluchtsort aus der Zeit des be=

ginnenden Mittelalters. Die bürgerliche Bevölkerung hat jedenfalls bald das Übergewicht erlangt. Wenn auch nur Funde der Früh-La-Tène-Zeit aus Rottenburg bekannt sind, so beweist doch der Name, der sonst schwerlich erhalten wäre, daß Sumelocenna nicht ganz eingegangen war, als die Römer hier die Herrschaft antraten.

Das gleiche gilt von der nächsten Station auf der Peutingerschen Tafel, Grinario. Es war wieder die Stelle eines Kastells der domitianischen Zeit, das bei Köngen am Rande des hier nur niedrigen Plateaus über dem linken Ufer des Neckars lag. Bei der Untersuchung durch die Limeskommission ist auch hier nichts gefunden worden, was der vespasianischen Zeit angehörte. Zufällige Grabungen in der Nähe des Kastells brachten im Jahre 1900 drei Inschriften zutage, einen Meilenstein Hadrians aus dem Jahre 129 und zwei Votivsteine, die den Namen Grinario enthalten und außerdem lehren, daß der Ort in der späteren Kaiserzeit ein Vicus der Gaugemeinde Sumelocenna war.

Fünf Kilometer unterhalb Köngen wendet der Fluß, dessen Lauf bis dahin nordöstlich war, sich in scharfer Biegung nach Nordwesten. An dieser Stelle bei Plochingen mündet die Fils in den Neckar. Ihr weites Tal bildet die Zufahrt zur Geislinger Steige und zu dem leichtesten Übergang über die Rauhe Alb. Zu allen Zeiten hat hier ein lebhafter Verkehr geherrscht. Man hat allen Grund zu der Annahme, daß der Albübergang schon in vorrömischer Zeit gebahnt und begangen war. Heutzutage bildet die Filstalbahn mit ihrer Fortsetzung über das Gebirge nach Ulm eine Hauptlinie im Eisenbahnnetz Mitteleuropas, auf der der Orientexpreß, außerdem aber täglich noch an 80 Züge aller Art verkehren. Durch das Filstal muß auch die zweite strategische Straße der Römer vom Rhein zur Donau gezogen sein. Und wie heutigen Tages zu der Eisenbahn Stuttgart-Plochingen-Ulm von der Rheinebene her zwei Zufahrtslinien für den internationalen Verkehr bestehen, von denen die eine die Verbindung von Straßburg her über Durlach und Pforzheim vermittelt und die andere von Norden kommend bei Bruchsal in das Neckarbergland eintritt, so gab es auch in römischer Zeit die beiden Zugänge von Straßburg und Mainz, die sich in Cannstatt vereinigten. Der südliche verließ die Rheinebene bei Ettlingen, der nördliche bei Stettfeld nördlich von Bruchsal. Es ist indes nötig, den Verlauf der Straßen von ihren Ausgangspunkten aus nach Möglichkeit zu rekonstruieren.

Drittes Kapitel.

Bei Mainz haben die Römer den Rheinübergang unterhalb der Mainmündung natürlich niemals aus der Hand gegeben. Südlich vom Main finden sich jedoch erst in der Zeit Domitians sichere Spuren ihrer Tätigkeit. Von dem Mainübergang bei Kostheim gegenüber von Mainz zog eine römische Straße in südöstlicher Richtung nach Groß-Gerau und durch die Rheinebene weiter über Lorsch nach Ladenburg. In Groß-Gerau ist ein Kohortenkastell entdeckt worden, das nach den dort vorkommenden Funden, namentlich den Stempeln der 14. und 21. Legion, in der Zeit Domitians entstanden sein muß. Denn die 14. Legion mit den Beinamen Gemina Martia Victrix hat nur vom Jahre 70 bis 89 in Mainz gelegen, und die 21. Legion kann nicht von Windisch, wo sie bis zum Jahre 70 stand, ihre Ziegel hierher geliefert haben, sondern diese stammen aus der Zeit ihres Aufenthaltes in Mainz. Im Jahre 70 kam die Legion aber erst nach Untergermanien und hat nur von 83—89 in Mainz ihr Lager gehabt. Ungefähr also in diesen Jahren muß das Kastell Groß-Gerau entstanden sein. Denn im Jahre 89 wurde die 21. Legion nach der Donau geschickt; sie ist dort bald darauf im Kampfe mit den Sarmaten untergegangen.

Ein zweiter Übergang über den Rhein lag oberhalb von Mainz bei Gernsheim, und dort hat man Stempel der 1. und 14. Legion gefunden, sowie einer Kohorte, der 1. Asturischen, die oft mit den Legionsstempeln der domitianischen Zeit zusammen vorkommen. Die 1. Legion mit dem Beinamen Abiutrix hat aber von 70—83 zur Besatzung von Mainz gehört, ist nach dem Jahre 83, wo die 21. Legion an ihre Stelle trat, nach Mösien abkommandiert worden, kehrte aber in den neunziger Jahren noch einmal nach Obergermanien zurück. Es ist höchst wahrscheinlich, daß die Ziegel aus einem die Übergangsstelle schützenden Kastell am rechten Rheinufer stammen, das also einige Jahre früher, oder auch etwas später als Groß-Gerau errichtet sein kann. Von Gernsheim führte eine Straße nach Lorsch und vereinigte sich hier mit der direkten Straße von Mainz nach Ladenburg.

In Lopodunum-Ladenburg, dem Hauptorte der Sueben, haben keine römischen Truppen gelegen, aber am Übergang über den Neckar, Heidelberg gegenüber, ist das Kastell Neuenheim nachgewiesen worden. Auch hier finden sich dieselben sicheren Spuren derselben Zeit: die Stempel der 21. und der 14. Legion wie in Groß-Gerau, zu denen noch solche der 22. Legion hinzukommen, auf denen die Beinamen pia fidelis fehlen, die der Legion im Jahre 89 beigelegt wurden. Auch unter den zahlreichen Gefäßen aus Neuenheim kommen Stücke, die noch der vespasianischen Zeit angehören könnten, nur ganz vereinzelt vor. Also unter Domitian in den achtziger Jahren des ersten Jahrhunderts ist das Kastell zum Schutze der Straße und zur Deckung des Neckarüberganges angelegt worden. Und hier kennen wir auch die Besatzung; die 2. Cyrenäische Kohorte hat eine verstümmelte Inschrift, ein Beil mit ihrem Namen und Ziegel mit ihrem Stempel in dem Kastell zurückgelassen.

Nach dem Übergang über den Neckar zog sich die Straße am Fuß des Gebirges nach Süden, trat bei Stettfeld in das Neckarbergland und führte südlich am Stromberg vorüber über Vaihingen nach Cannstatt. Im einzelnen ist sie hier nicht überall nachgewiesen, im Gesamtverlauf aber sicher festgestellt. Genauer bekannt ist dagegen die andere Straße über das Gebirge, die über Ettlingen die Rheinebene mit Cannstatt verbunden hat. Ihr Ausgangspunkt ist in Straßburg zu suchen.

Bevor die Bergstraße am Westfuß des Schwarzwaldes vollständig ausgebaut war, was erst unter Traian geschehen ist, folgte man von Straßburg der linksrheinischen Straße durch das Gebiet der Triboker und Nemeter bis Lauterburg. Hier befand sich ein Übergang über den Rhein, der in seiner Verlängerung gerade auf Ettlingen führt. Das Contubernium nautarum, die Schiffergesellschaft, der zusammen mit dem Gotte Neptun eine bei Ettlingen gefundene Inschrift gewidmet ist, hatte ihre Fahrzeuge vielleicht auf dem nur 12 km entfernten Rhein. Ein zweiter Rheinübergang befand sich weiter oberhalb bei Selz, dem alten Saletio, Rastatt gegenüber bei der Mündung der Murg, der gleichfalls mit Ettlingen in Verbindung gestanden haben wird. Ältere Funde fehlen zwar hier wie dort, aber systematische Ausgrabungen haben in dieser Gegend nicht stattgefunden. Von Ettlingen aus ist die Straße bis auf untergeordnete Abschnitte vollkommen festgestellt. Sie führte ungefähr auf der Scheidelinie zwischen dem Neckarbergland und dem Schwarzwald, das höhere Gebirge vermeidend, nach Pforzheim und wandte sich von hier in südöstlicher Richtung über Leonberg nach Cannstatt.

Fehlen uns auch im Neckarbergland datierbare Fundstücke, so setzen die Zeugnisse der domitianischen Zeit im Neckargebiet und auf der Rauhen Alb wieder ein. Cannstatt war für den Schutz unserer Straße von ähnlicher Bedeutung wie Rottweil im Zuge des anderen, im Jahre 74 erbauten Heerweges zur Donau. Auch eine direkte Straße von Sumelocenna, die das Neckarknie abschnitt und das Kastell Köngen rechts liegen ließ, trifft in Cannstatt mit den Straßen von Mainz und von Straßburg zusammen. Vor allem befand sich aber hier der Übergang über den Neckar, den die Fortsetzung dieser Straßen nach der Donau benutzte. Es nimmt daher nicht wunder, daß der Platz besonders stark besetzt war. Das Kastell Cannstatt, auf der Höhe über dem linken Ufer des Flusses gelegen, hart am Rande des Plateaus, so daß es Tal und Brücke beherrschte, übertrifft an Größe alle Nachbarkastelle, und wahrscheinlich hat hier eine Ala, eine Reiterabteilung, gelegen. Überwiegen unter den bei der Ausgrabung des Kastells gemachten Funden auch die Typen, die man der traianischen und hadrianischen Zeit zuschreibt, so fehlt es doch nicht an einzelnen älteren Stücken, und unter den Münzen sind die Prägungen der Flavier besonders häufig.

Von Cannstatt zog die Straße auf dem rechten Neckarufer flußaufwärts bis Plochingen und bog hier dem Kastell Köngen gegenüber in das Filstal ein, wo ihre Spur an vielen Stellen durch Ausgrabungen festgestellt ist. Jenseits Geislingen erstieg sie das Albplateau und traf bei Urspring an der Quelle der Lone auf das zur Donau fließende Wasser. Hier lag wieder ein römisches Kohortenkastell.

In der sonst wasserarmen Gegend werden heuzutage alle Ortschaften in der Umgebung künstlich mit Trinkwasser versehen, das teils stundenweit herbeigeleitet, teils aus den Tälern durch Pumpwerke auf die Höhe der Alb gebracht wird. In alter Zeit hatte deshalb Urspring mit seiner mächtigen Quelle, dem Lonetopf, eine besondere Bedeutung für den Verkehr. Die Stelle war schon in vorgeschichtlicher Zeit besiedelt. Auf einer kegelförmigen Anhöhe, die unmittelbar bei der Quelle ansteigt, hat die Zufluchtsstätte der Talbewohner, ein kleiner Ringwall, sich erhalten. Ihm gegenüber, auf der andern Seite des Tales, haben die Römer ihr Kastell gebaut. Wie das Kastell Waldmössingen, dem es auch an Größe entspricht, war Urspring zuerst ein Erdwerk mit Rasenmauern und Holzbauten. Erst als die Balken- und Bretterverschalung der Rasenmauer verfault war, hat man sie durch eine Steinmauer ersetzt. Auch die Wände der Innenbauten wurden in Stein ausgemauert. Der Platz war also nicht bloß vorübergehend mit Truppen belegt. Die Limeskommission hat im Jahre 1904 Ausgrabungen in Urspring vorgenommen, bei denen die soeben erwähnten Tatsachen erwiesen und zugleich festgestellt wurde, daß das Kastell von der Zeit Domitians bis kurz über die Mitte des zweiten Jahrhunderts bestanden hat. Die charakteristischen Formen der frühen Flavierzeit, die in Rottweil und auf dem südlichen Donauufer vorkommen, fehlen in Urspring, dagegen finden sich in der Keramik viele Übereinstimmungen mit den Funden aus den obenerwähnten Neckarkastellen, namentlich aus Sulz. Auch die Hälfte der allerdings nicht zahlreichen Münzen gehört der Flavierzeit an. Die Prägungsjahre der jüngsten in Urspring gefundenen Münzen, zweier Stücke, die keine Spur von Abnutzung zeigen, also nicht lange in Gebrauch waren, sind 152 und 154 v. Chr. Geb. Bis zu dieser Zeit hat also voraussichtlich eine Kohorte in Urspring gelegen.

Die Landstraße wie die Eisenbahn, die dicht unter dem Kastell vorüberführen, wenden sich heutzutage über die Höhen nach Ulm. Die Römerstraße folgte, die mehr östliche Richtung festhaltend, dem Lauf der Lone und führte an Langenau vorbei über die sich allmählich verflachenden Abhänge des Gebirges bis in das hochgelegene Donautal und endigte hier in dem großen, am Donauufer selbst gelegenen Kastell Faimingen. Der Übergang über den Fluß, den dieses Kastell zu decken hatte, stand jedenfalls mit Augsburg in direkter Verbindung. Von Augsburg zog die Heerstraße über den Inn nach Noricum, um einerseits an der Donau abwärts sich nach Oberpannonien zu wenden, anderseits durch die Ostalpen nach Unterpannonien und Mösien zu führen. Und nachdem ihr Traian im Jahre 100 am Eisernen Tore Raum geschaffen hatte, war der Weg vollendet, auf dem man leicht, wie ein Schriftsteller rühmt, vom Schwarzen Meere nach Gallien reist.

3. Domitians Chattenkrieg und der Limes.

In derselben Zeit, in der im Süden die soeben besprochene große Straßenanlage und die Kastellbauten, wie es scheint, ohne irgendwelche kriegerische Verwicklungen, ausgeführt wurden, hatten die römischen Waffen nördlich des Mains wiederholt zu tun. Im Jahre 83 unternahm Domitian selbst einen Feldzug gegen die Chatten, zu dem das obergermanische Heer durch die 21. Legion verstärkt wurde. Die von Haß gegen den Kaiser erfüllte römische Überlieferung stellt diesen Krieg als ein ruhm- und erfolgloses Unternehmen hin. Nach den örtlichen Beobachtungen und Funden auf seinem Schauplatze hat er die Wiederbesetzung rechtsrheinischer Lande durch die Römer wesentlich gefördert, freilich nicht ganz im Sinne des Programmes, das wir in dem Vorgehen von der Rheinebene aus zu erkennen glaubten. Die Wetterau und das Flachland am Main bis an die Mündung der Kinzig unterhalb Hanaus kam in römischen Besitz. Die Grenzen des Reiches wurden im Osten an den Fuß des Vogelsbergs vorgeschoben, im Norden bis in die Nähe der Lahn, im Westen über die Kammhöhe des Taunus hinaus auf den Nordabhang des Gebirges. Die Eroberungen schienen allerdings nach kurzer Zeit, im Winter des Jahres 89 auf 90, in Frage gestellt. Der Befehlshaber des obergermanischen Heeres L. Antonius Saturninus empörte sich mit seinen Legionen gegen Domitian und rief die Hilfe der Germanen an. Es kann sich dabei nur um die Chatten gehandelt haben. Wahrscheinlich hatte ihnen Saturninus die rechtsrheinischen Eroberungen wieder preisgegeben. Nur der Eisgang auf dem Rhein verhinderte die Germanen, die versprochene Hilfe zu bringen, als das Domitian treu gebliebene untergermanische Heer unter L. Appius Norbanus auf dem linken Rheinufer zur Unterdrückung des Aufstandes heranrückte. Saturninus unterlag, und die Chatten wurden durch den siegreichen Norbanus von neuem zur Unterwerfung gebracht.

Die Verhältnisse waren also in der Maingegend wesentlich verschieden von denen am Neckar. Die Behauptung des rechtsrheinischen Gebietes ist hier eine militärische Aufgabe ganz anderer Art gewesen als die Bewachung der Straßen und der Schutz des Landes im Süden. Hier galt es kriegerische Nachbarn, die auf jede Gelegenheit lauerten, um ihr Gebiet zurückzuerobern oder räuberische Einfälle zu machen, vom römischen Gebiet fernzuhalten und zu überwachen. Die Truppen mußten fortwährend in Kampfbereitschaft gehalten werden. Die Kastelle sind deshalb hier zahlreicher und größer, und zu der Deckung der Straßen tritt eine ständige, militärisch organisierte Bewachung der Grenze. Hier ist auch der Bau des obergermanischen Limes begonnen worden.

Was das Wort limes bedeutet und was die Römer damit bezeichnet haben, war neuerdings mehrfach Gegenstand gelehrter Erörterungen, und die Frage, was der römische Limes in Deutschland eigentlich gewesen ist, ob er einen militärischen Zweck gehabt oder nur als Zoll- und Polizeigrenze gedient habe, wird von Fachmännern und Laien immer wieder aufgeworfen. Das Wort Limes ist von den Römern in verschiedenem Sinne gebraucht worden, und die erwähnte Frage läßt sich nicht richtig beantworten, weil sie unrichtig gestellt ist. Die römischen Limesanlagen in Deutschland haben in den zweiundeinhalb Jahrhunderten der römischen Herrschaft zu verschiedenen Zeiten und auch gleichzeitig in verschiedenen Gegenden sehr verschiedenen Zwecken gedient.

Über den Begriff des Limes hat namentlich Mommsen sich wiederholt ausgesprochen. Er betonte, daß das Wort mit limus quer, limen die Schwelle zusammenhänge und eigentlich den Querweg bedeute. In der technischen Sprache der römischen Feldmesser wird es zur Bezeichnung der sich rechtwinklig schneidenden Wege angewandt, die wie unsere Gewannwege die in der Regel quadratischen Flächen des kunstgerecht eingeteilten römischen Ackerlandes von einander trennen und zugleich begrenzen. Zu Beginn der Kaiserzeit ist der Gebrauch des Wortes auf andere Wege übertragen worden. Besonders nennen die Schriftsteller so die Militärstraßen, die strahlenförmig durch neueroberte Landstriche gebahnt wurden. Das hat v. Domaszewski neuerdings mit Recht betont. Die Heerstraße von Argentorate nach Rätien heißt auf dem Offenburger Meilenstein allerdings iter, Weg. Aber Tacitus hat ähnliche Wege gelegentlich limes genannt. Der Begriff Limes hat dann eine Einschränkung erfahren, die wieder die Grundbedeutung des Wortes zur Geltung kommen läßt und an den technischen Gebrauch der Feldmesser erinnert. Limes heißt der das römische Gebiet vom Auslande trennende Grenzweg. Je mehr es üblich wurde, da, wo die Grenzen des Reiches nicht durch Flüsse gebildet werden, überall Grenzwege zu ziehen, um so ausschließlicher wurde Limes in diesem letzten Sinne gebraucht. In dieser Bedeutung wenden auch wir das Wort gewöhnlich an, wenn wir vom römischen Limes in Deutschland sprechen, und wir denken zugleich an die nicht immer, aber oft mit dem Grenzweg verbundenen Schutzwehren.

Die ursprüngliche Organisation der Grenzverteidigung in bedrohten Gegenden ist am deutlichsten an den domitianischen Anlagen in der Wetterau und im Taunus zu erkennen, um deren Erforschung sich G. Wolff besonders verdient gemacht hat. In Mainz lag vom Jahre 90 bis zu Domitians Tod im Jahre 96 nur eine Legion, die 22. Primigenia, jetzt mit dem Beinamen pia fidelis. Erst unter Traian kam die 1. Legion Adiutrix wieder vorübergehend dahin zurück

(S. 44). Die Legionen in Mainz bildeten die Generalreserve für die Truppenstellungen auf der andern Rheinseite. Hier befanden sich ausschließlich Auxilien. Die Kohorten und Alen lagen in Wiesbaden und in den vier Kastellen Hofheim, Heddernheim, Okarben und Friedberg an der Hauptmilitärstraße, die von Mainz am Taunus entlang und durch die Wetterau nach der Hessischen Senke zog. Das Kastell Hofheim ist ein Kohortenkastell von mittlerer Größe (2,2 ha), Wiesbaden, damals Garnison der cohors II Raetorum civium Romanorum, war bedeutend größer (3,38 ha), die Kastelle Heddernheim und Okarben haben die Größe von Alenlagern (5,2 und 5,8 ha), in Friedberg (ca. 3,8 ha) stand eine Kohorte zum Teil berittener Bogenschützen von 1000 Mann, der doppelten Stärke der gewöhnlichen Auxiliarkohorten, die cohors I Flavia Damascenorum milliaria equitata sagittariorum. Zur Deckung des Mainüberganges könnte auch in Frankfurt ein Kohortenlager gewesen sein, wo in der Nähe des Doms unter andern römischen Resten Ziegel der 14. und der 22. Legion gefunden worden sind. Endlich ist ein Kastell von besonderer, alle andern weit übertreffender Größe (von 14 ha) in Kesselstadt am Main unterhalb der Mündung der Kinzig aufgefunden worden. Zur Besetzung des verhältnismäßig kleinen Gebietes nördlich vom Main waren also zwei oder drei Alen Reiterei und drei oder vier Kohorten teilweise berittener Infanterie oder Schützen erforderlich. Die gleichzeitige Anlage der erwähnten Kastelle in der Zeit nach Domitians Chattenkrieg wird durch die übereinstimmenden Funde namentlich wieder von den gestempelten Ziegeln der domitianischen Legionen (S. 44) erwiesen. Diese hatten in Nied bei Höchst an der Mündung der Nidda ihre Zentralziegeleien.

Die Hauptaufgabe der Truppen bestand in der Bewachung der Grenze. Einzelne aus den Kastellen vorgeschobene Detachements, Vexillationen, der Alen und Kohorten versahen, unseren Vorposten vergleichbar, dort den ständigen Wachtdienst. Sie mußten in kleinen Verschanzungen (ca. 0,6 ha) kampieren, die in der Regel an solchen Stellen angelegt waren, wo wichtige Wege in das Ausland die Grenze kreuzten. Solche Verschanzungen, von uns gewöhnlich Erdkastelle genannt, lagen an den Stellen der viel später errichteten und viel größeren, einem andern Verteidigungssystem angehörigen Steinkastelle, z. B. des Kastells Zugmantel, der Saalburg und der Capersburg im Taunus. Ein später nicht überbautes Erdkastell dieser Gattung ist in Heldenbergen an der Nidder gefunden worden. Immer standen sie mit den Kohorten= oder Alenkastellen im Binnenlande, deren Besatzung die Vorpostendetachements zu stellen hatte, in möglichst direkter Verbindung. So führte von Heddernheim eine kerzengerade Straße auf die Saalburg. Die vorgeschobenen Abteilungen besetzten endlich die zahlreichen Wachttürme, die, aus Holz hergestellt, auf allen hochgelegenen Punkten längs der Grenze errichtet waren, an Punkten womöglich, die nicht bloß einen freien Ausblick in das Ausland gewährten, sondern auch für eine direkte Signalverbindung mit den Hauptkastellen im Binnenlande geeignet waren.

Alle diese Anlagen an der Grenze waren untereinander durch Wege verbunden, die zugleich den Lauf der Grenze bezeichneten. Ihnen kommt mithin die Benennung limites oder, insofern die einzelnen sich seitlich aneinander schließenden Abschnitte eine wenn auch vielfach gebrochene Linie darstellen, kurzweg limes zu.

Im militärischen Sinne war der Limes also hier eine Vorpostenlinie, die dem Gelände angepaßt über die Höhen zog, zum Dienst der Patrouillen und zur Markierung der Grenze bestimmt. Die ganze Organisation der Grenzbewachung stellt sich entschieden als Schutzwehr gegen feindliche Angriffe dar. Nicht als ob der Limes selber für diesen Fall zur Verteidigung hätte dienen sollen und können. Die einzelnen Posten mußten sich vielmehr bei Annäherung des Feindes, nachdem das Alarmsignal, ein Feuerzeichen, gegeben war, so rasch als möglich auf ihre Truppe zurückziehen. Erst die Aufgabe der Alen und Kohorten konnte es sein, den Feind zurückzutreiben oder so lange aufzuhalten, bis die Nachbarkohorten oder die Legion aus Mainz zur Stelle waren. Die ganze Organisation läßt deutlich die unsicheren Grenzverhältnisse erkennen, die hier im Norden unseres Gebietes, wenigstens in der domitianischen Zeit, bestanden haben. Auch bei der etwas später erfolgten Einbeziehung des Koblenz gegenübergelegenen Berglandes mit den heißen Quellen in Ems und des Neuwieder Beckens wurde dasselbe System des Grenzschutzes angewandt.

Vom rechten Ufer des Rheins bei Rheinbrohl, gegenüber der Mündung des Vinxtbaches unterhalb Andernachs, wo die Grenze zwischen dem ober= und dem untergermanischen Kommandobezirk lag, zog der Limes nunmehr bis zum Main bei der Mündung der Kinzig unterhalb Hanaus. Diese Linie hat eine Länge von ca. 180 km oder 120 römischen Meilen und schließt zahlreiche Ringwälle im Taunus ein, die nach Ausweis von Funden bis in die römische Zeit der einheimischen Bevölkerung, also Mattiakern oder Chatten, als Wohnstätten und Zufluchtsorte gedient haben. Wenn Frontin berichtet, daß Domitian, als die Germanen nach ihrer Weise aus den Schlupfwinkeln im Gebirge die Römer wiederholt angegriffen und dabei einen sicheren Rückzug in die Tiefe der Wälder gehabt hätten, Limites von 120 römischen Meilen Länge anlegen ließ und dadurch nicht allein dem Kriege eine andere Wendung gab, sondern die Gegner seiner Herrschaft unterwarf, deren Zufluchtsorte er bloßgelegt hatte, so stimmen diese Angaben trefflich zu den Limesanlagen nördlich des Mains und zu allen chronologischen Anhaltspunkten, die sich dort bei den Untersuchungen der Limeskommission ergeben haben. An einigen Kastellen, wie in Okarben, und auf weiten Strecken an den Wachttürmen des Limes läßt sich wahrnehmen, daß die Anlagen niedergebrannt und wieder aufgebaut sind. Diese Zerstörung wird mit der Empörung des Antonius Saturninus zusammenhängen.

Das im Jahre 83 eroberte, 89 auf 90 vorübergehend wieder an die Chatten verlorene Land nördlich vom Main wurde bald darauf mit dem Gebiet am oberen und mittleren Neckar dadurch in Verbindung gebracht, daß die Römer das linke Mainufer bei Aschaffenburg besetzten und ihre Grenze in den Odenwald und bis an den Neckar zwischen Wimpfen und Cannstatt vorschoben. Die vier Kohortenkastelle am Main, Seligenstadt, Stockstadt, Niedernberg und Obernburg werden nur zum Teil gleich damals entstanden sein. Stockstadt und Obernburg waren besonders wichtig, jenes zur Bewachung des Mainüberganges und eines in das Ausland führenden bedeutenden Verkehrsweges, dieses als Endpunkt der römischen Stellungen dieser Zeit am Main. Auf dem Grabstein eines Einheimischen in Obernburg begegnet der seltsame Name Cubus. Daraus hat man geschlossen, daß hier jene Cubier gewohnt haben könnten, von denen oben die Rede war (S. 19). Nach Frontins Zeugnis ließ Domitian während des Chattenkrieges im Lande der Cubier Kastelle anlegen und dabei den Eigentümern des erforderlichen Terrains Grundentschädigungen bezahlen. Das würde wohl zu diesem vom eigentlichen Kriegsschauplatz der Jahre 83 und 89 abgelegenen Landstriche passen. In dieselbe Zeit wird man auch den Toutonenstein in Miltenberg (S. 20) zu setzen haben, der zwar die Anwesenheit von Römern in der Maingegend, aber nicht die Ausdehnung ihrer tatsächlichen Herrschaft bis Miltenberg beweist.

Bildete auf der Strecke von Hanau bis Obernburg der breite und tiefe Fluß die Grenze, so wurde von Wörth gleich oberhalb Obernburgs aus wieder ein Limes in südlicher Richtung über den Kamm des Odenwaldes zwischen dem Mümmlingtal und den Tälern des Mains und der Mud nach dem Neckar gezogen, der bei der Mündung der Jagst auf den Fluß trifft. Wie der Limes nördlich vom Main wurde auch dieser als Grenzweg gebaut und mit kleinen Erdkastellen und Holztürmen ausgestattet. Bei Seckmauern in der Nähe von Obernburg ist eines dieser Erdkastelle durch die Limeskommission ausgegraben worden, die übrigen sind wieder von späteren Steinkastellen überbaut. Nördlich von Schlossau tritt diese Linie in badisches Gebiet, und hier bei Oberscheidental und Neckarburken sind auch zwei Kohortenkastelle nachgewiesen und untersucht worden. Sie liegen aber nicht weit vom Limes entfernt im Binnenlande, sondern in nächster Nähe des Grenzweges selbst. Die Abweichung von der nördlich des Mains festgehaltenen Norm fordert eine Erklärung. Wir möchten sie in der durch die früheren Darlegungen nahegelegten Annahme finden, daß hier feindliche Angriffe nicht zu befürchten und eine Bereitschaftsstellung von Truppen in einiger Entfernung von den Vorposten nicht notwendig waren. Auch läßt sich füglich bezweifeln, ob das Binnenland, der hintere Teil des Odenwaldes, für die Aufnahme von Truppenlagern genügend bewohnt und zugänglich gewesen ist.

Von Wimpfen am Neckar, das der Mündung der Jagst und dem Endpunkte des Odenwaldlimes gegenüber liegt, bis nach Cannstatt bildet wieder der Fluß die Grenze. In Wimpfen selbst stand eine Kohorte, und neckaraufwärts folgen in gleichen Abständen von einander noch drei weitere Kohortenlager, Böckingen bei Heilbronn, Walheim und das der Murrmündung gegenübergelegene Kastell Benningen, alle auf dem linken Ufer.

Für die Anlage der ganzen Reihe dieser Kastelle von Cannstatt bis Oberscheidental und für die älteren Bauten am Odenwaldlimes ergibt sich wieder eine ziemlich genaue Zeitbestimmung aus der Betrachtung der Einzelfunde, die bei den Ausgrabungen der Limeskommission zum Vorschein gekommen sind. Schumacher, der die Untersuchung der auf badischem Boden gelegenen Kastelle und Wachttürme selbst geleitet hat, gelangt auf Grund des gesamten Materials zu dem Schluß, daß diese Anlagen um die Wende des 1. und 2. Jahrhunderts entstanden sind. Wegen der abweichenden Bauart einer Anzahl Wachttürme im Odenwald von den am domitianischen Limes in der Wetterau untersuchten Holztürmen ist er allerdings geneigt, lieber die traianische Zeit für die Entstehung des Odenwaldlimes anzunehmen. Diese Wachttürme sind indes jüngere Um- oder Ersatzbauten. Und wenn wirklich die Odenwald-Neckarlinie bis Cannstatt erst nach dem Tode Domitians im Jahre 96 zur Zeit Nervas oder in den ersten Jahren der Regierung Traians ausgebaut sein sollte, so war es eben doch die Vollendung der großen, durch die Straßenbauten am oberen Neckar und durch den Chattenkrieg Domitians eingeleiteten Unternehmungen der Flavier. Als Tacitus zwei Jahre nach Domitians Tod die Germania schrieb, standen die römischen Truppen aller Wahrscheinlichkeit nach bereits in den Kastellen am mittleren Neckar und auf den Höhen des Odenwalds.

Die in der vespasianischen Zeit angelegten Kastelle hingegen müssen um diese Zeit bereits wieder geräumt gewesen sein. Gerade aus den Jahren 74, 82, 90 und 116 besitzen wir zufällig Militärdiplome des obergermanischen Heeres, Bronzetäfelchen mit Abschriften der kaiserlichen Konstitutionen über die Entlassung der ausgedienten Mannschaften bei dem Auxiliarheere (S. 36), die den einzelnen mit dem römischen Bürgerrechte belohnten Leuten zu ihrer Legitimation ausgefertigt wurden. In diesen Urkunden sind die zu einem Kommandobezirk gehörigen Alen und Kohorten, soweit sie eben Mannschaften mit 25 Dienstjahren hatten, aufgezählt. Sie geben also nicht immer den vollen Bestand, zumal auch die aus freigelassenen römischen Bürgern gebildeten Voluntarierkohorten in den Diplomen fehlen, ergänzen sich aber gegenseitig und ermöglichen eine ziemlich genaue Schätzung der Zusammensetzung des Auxiliarheeres für die betreffenden Jahre. Von 74 bis 90 hat sich nach unseren Diplomen der Bestand an Auxilien im obergermanischen Heere nicht wesentlich verändert. Statt sechs Alen erscheinen im Jahre 90 deren nur noch vier, eine war sicher nach Mösien abgegangen, die Zahl der Kohorten mit den Voluntariern, etwa 18, scheint etwas vermehrt worden zu sein. Sollten diese Truppen zur Besetzung aller unter Domitian neuerrichteten Kastelle ausreichen, so mußte ein Teil der vespasianischen aufgegeben werden. In der Tat reichen in Waldmössingen und Sulz die Funde kaum über die domitianische Zeit hinaus, Sulz ist überhaupt nur sehr kurze Zeit besetzt geblieben, und die I. Thrakische Kohorte, die wir unter Vespasian in Offenburg angenommen hatten, steht später am

Rande des Neuwieder Beckens in dem Kastell Benndorf am Rhein, die I. Kohorte der Biturigen, die in Rottweil bezeugt war, und die II. Chrenäische Kohorte aus Neuenheim finden sich später in der Wetterau. Vor allem wurden aber die Auxiliarlager, die vorher auf dem linken Rheinufer bestanden haben müssen, geräumt und die Kohorten im Grenzdienste verwendet.

An diese Tatsachen müssen wir uns halten, wenn wir nunmehr die Fragen beantworten wollen, was Tacitus an der Stelle, von der wir in diesem Kapitel ausgingen, unter dem Vorschieben der Besatzungen und der Anlage des Limes gemeint hat, und wo die Dekumaten-Äcker zu suchen sind.

4. Die Dekumaten-Äcker.

Drei Etappen lassen sich im Verlauf der Besitznahme rechtsrheinischen Landes während der Flavierzeit unterscheiden. Der erste Ruhepunkt ist mit der Okkupation des oberen Neckarlandes erreicht, die zweite Stufe mit der Vollendung der Heerstraße von Mainz über Cannstatt nach der Donau und mit der Eroberung der Wetterau, der Abschluß mit der Herstellung der Odenwaldlinie und der Errichtung der Kastelle am mittleren Neckar von Cannstatt bis Wimpfen. Legt man sich jetzt die Frage vor, was etwa in dieser Periode als Limes bezeichnet werden konnte, so kommt für den ersten Zeitabschnitt nur die Kinzigtalstraße mit ihrer Fortsetzung über Rottweil nach Tuttlingen in Betracht, in dem zweiten südlich vom Main die Heerstraße von Mainz über Cannstatt und Urspring nach der Donau, im nördlichen Teil der domitianische Grenzweg um die Wetterau, und erst nach Vollendung der Odenwald-Neckarlinie konnte auch diese als Limes gelten. Da nun Tacitus an der Stelle, die über die Dekumaten-Äcker handelt (S. 32), nur von einem Limes spricht und von der Ausbuchtung des Reiches, sinus imperii, wie von einer Halbinsel, die in das Meer ragt, so hat er doch wohl das ganze Gebiet im Sinne gehabt, das der domitianische Limes im Norden, der Main von Hanau bis Wörth, der Odenwaldlimes und die Neckarlinie bis Cannstatt, sowie die Heerstraße durch das Filstal und über die Alb umgibt. Hier also haben wir die Dekumaten-Äcker zu suchen, sie sind dem Autor die Bezeichnung für das ganze Land, soweit es Annex des Reiches war, zwischen Rhein und Donau.

Drittes Kapitel.

Denn an der Nordgrenze Rätiens hatten die Römer in dieser Zeit wohl einzelne Kastelle über die Donau hinaus bis in den Jura vorgeschoben, wie das Alenkastell Heidenheim an der Brenz, das etwa mit Urspring gleichzeitig sein wird, aber von einem abschließenden Limes, einem zusammenhängenden Grenzweg nördlich des Flusses, kann noch nicht die Rede sein. Man würde an eine Straße von Urspring nach Heidenheim denken, die später natürlich bestanden hat, wenn Tacitus in der Stelle über den Verkehr der Hermunduren mit den Römern, die wir oben (S. 35) angeführt haben, nicht deutlich das Flußufer, die Donau, als Grenze kennzeichnete. Wer eine Karte des römischen Reiches am Ende der Flavierzeit zeichnen will, wird gut tun, vorerst die oben bezeichnete Linie als Grenze gegen die Germanen festzuhalten.

Noch einmal wird in dieser Zeit der obergermanische Limes genannt. In der kleinasiatischen Landschaft Bithynien wurde 1886 eine griechische Inschrift gefunden, die etwa in der Zeit Domitians oder Trajans zu Ehren des kaiserlichen Prokurators der Provinz Galatien und ihrer Nachbarlandschaften gesetzt worden ist. Auf dem Stein waren auch die Ämter, die der Mann früher bekleidet hatte, angegeben. Man ersieht daraus, daß dieser hohe Beamte — sein Name ist auf dem Stein weggebrochen — vor seiner Stellung im kleinasiatischen Keltenland das Amt eines „Kaiserlichen Prokurators des Gebietes um Sumelocenna und jenseits des Limes" bekleidet hat. Er heißt ἐπίτροπος Σεβαστοῦ χώρας Σομελοκεννησίας καὶ ὑπερλιμιτάνης, lateinisch hatte sein Titel also gelautet procurator Augusti tractus Sumelocennensis et translimitani. In welchem Sinne ist hier der Limes zu verstehen, und wie hat man die Stellung des Mannes sich zu denken? Die letzte Frage hat A. Schulten auf Grund einer Inschrift aus Sumelocenna selbst im wesentlichen richtig beantwortet und v. Herzog und andere im Anschluß daran weiter erörtert.

Eine etwa der Mitte des 2. Jahrhunderts angehörige Inschrift aus Rottenburg ist auf Beschluß des Gemeinderates des saltus Sumelocennensis durch zwei Oberbeamte gesetzt worden. Der Gemeinderat heißt hier ordo, wie es auch sonst in den römischen Gemeinden neben dem gewöhnlichen decuriones (S. 26) vorkommt, aber die Beamten führen die dort nicht übliche Amtsbezeichnung magistri. Unter Saltus ist also ein Gau besonderer Art zu verstehen. Das Wort, das ja eigentlich Wald — Teutoburgiensis saltus sagt Tacitus — oder

Weideland bedeutet, kommt schon in der frühen Kaiserzeit als die
spezielle Bezeichnung kaiserlicher Domänen vor. Die Art der Bewirt=
schaftung solcher Saltus kennt man aus Italien und namentlich aus
der Provinz Afrika, wo sie selbständige Bezirke gebildet haben und
von riesiger Ausdehnung waren. Sie standen unter der Aufsicht kaiser=
licher Prokuratoren, die auch mehrere, zu einem Sprengel vereinigte
Domänen verwaltet haben, und wurden, in Afrika unter Vermittelung
von Unternehmern, an zahlreiche Kleinpächter, coloni, verpachtet, freie
Leute, zum Teil römische Bürger, die dem Unternehmer einen Teil
des Ertrages als Pachtzins abzuliefern und mannigfache Frohnden
zu leisten hatten. Sie wohnten teils einzeln, teils in Dörfern, und
wenn sie auch unter dem Prokurator standen, der die gesamte Gerichts=
barkeit und eine weitgehende Strafgewalt ausgeübt hat, so besaßen
sie doch eine Art Gemeindeorganisation, einen Gemeinderat und Be=
amte, die magistri genannt werden.

Das Gebiet von Sumelocenna war also mindestens bis zur Mitte
des zweiten Jahrhunderts kaiserliche Domäne, und jener Beamte hatte
als kaiserlicher Prokurator an der Spitze dieses Saltus und eines oder
mehrerer benachbarter Saltus jenseits des Limes gestanden, die mit Su=
melocenna zu einem Sprengel, tractus oder auch regio genannt, ver=
einigt waren. Da er später die Finanzen der ganzen Provinz Galatien
und einiger Nachbarlandschaften verwaltete, so kann er in Deutschland
keine subalterne Stellung gehabt haben. Sein Bezirk hat also
Domänen von erheblicher Ausdehnung umfaßt. Und die Frage
nach ihrer Lage deckt sich mit der anderen, von der wir ausgingen:
welcher Limes kann hier gemeint sein?

Das Gebiet von Sumelocenna umfaßte, wie oben angegeben wurde
(S. 43), noch Grinario=Köngen oberhalb von Plochingen und der
Mündung des Filstales in das Neckartal. Es grenzte mithin an die
Straße, die von Cannstatt nach Urspring führt, für die wir die Be=
zeichnung Limes in der Zeit Domitians in Anspruch genommen haben.
Auf der Nordseite dieser Straße also, westlich oder zugleich auch öst=
lich des Neckars, wird man den Tractus Translimitanus, das über
dem Limes gelegene Gebiet, zu suchen haben. Die kleinasiatische In=
schrift führt uns hier mitten in die Entwicklung hinein. Wie bei
Tacitus die Wiederbesiedlung des Landes der Verschiebung der Trup=
pen und der Anlage des Limes vorausging, so greifen hier in dem
Zeugnis der Inschrift die kaiserlichen Domänen über den einer früheren
Entwicklungsstufe angehörenden Limes hinaus.

In den inschriftlichen Denkmälern, die sich auf Sumelocenna beziehen, haben wir den Prokurator, den Gemeinderat, die Magistri, wie auf den Saltus in Afrika, und es fehlt uns nur das Wichtigste, die Coloni. Wer waren die Pächter? Levissimus quisque Gallorum et inopia audax, „leichtfertiges Volk aus Gallien, durch Armut verwegen gemacht" —, wir würden auch dann diesem Schlusse zustimmen, daß es nur die Kolonisten des Tacitus gewesen sein können, wenn die Bezeichnung des von ihnen bebauten Geländes als Dekumaten-Äcker nicht so wie so irgendein Pachtverhältnis zur Voraussetzung hätte (S. 32). Überall lebten die Kolonen von ihrer Hände Arbeit, und die verächtliche Ausdrucksweise des Schriftstellers würde wohl auf sie passen. Nur befremdet es einigermaßen, daß er die Ansiedler nicht schlechthin Kolonen nennt und statt von kaiserlichen Domänen etwas zu sagen, von dem Boden zweifelhaften Besitzes, dubiae possessionis solum, und von Dekumaten-Äckern spricht. Aber auch dafür läßt sich vielleicht eine Erklärung finden.

Zweck der Kleinpacht auf den Domänen des Kaisers und auf den Latifundien Privater war anderwärts möglichst große Steigerung der Rente. Die Pachtschillinge sind deshalb außerordentlich hoch, in Afrika meistens ein Drittel des Bruttoertrages, und eigentliche Erbpacht kommt nur in Ausnahmefällen vor. Hier war es dagegen in erster Linie darauf abgesehen, das Land von neuem zu besiedeln, und so wird man den Kolonen nicht allein mit dem Zins, der sich auf ein Zehntel des Ertrages belaufen haben könnte, entgegengekommen sein, sondern ihnen auch die Aussicht eröffnet haben, mit der Zeit Eigentümer der von ihnen bebauten Äcker zu werden. Unter possessio verstanden die Römer ursprünglich nicht Eigentum, sondern von Privaten okkupiertes Staatsland, das vielfach in Eigentum der Possessoren übergegangen ist. Der Name decumates müßte freilich, wenn er wirklich etwas mit decima (decuma), dem Zehnten zu tun hat, eine lateinisch-keltische Mischbildung sein. Denn Zehntland heißt lateinisch ager decumanus, und die Worte auf die Endsilbe -as -atis, die sich aus dem Lateinischen vergleichen lassen, bedeuten immer die Abstammung von etwas oder Herkunft.

Die Behandlung des Landes als kaiserliche Domäne war also die Form, in der die Wiederbesiedlung des herrenlosen und größtenteils verödeten Landes in die Wege geleitet worden ist, aber sie sollte nur ein Übergangsstadium sein. In der Tat ist aus dem saltus Sumelocennensis später eine civitas, eine Gaugemeinde, geworden, und wir finden auch in den übrigen in Frage kommenden Gebieten in der Folgezeit noch andere Gaugemeinden, die in gleicher Weise aus Domänen hervorgegangen sind.

In dem Gebiet am mittleren Neckar begegnet uns in den Inschriften der späteren Kaiserzeit eine Anzahl Gaugemeinden und Ortschaften, deren Benennungen rein lateinische Bildung zeigen und von Flußnamen abgeleitet sind. So lag dem Kastell Benningen gegenüber an der Mündung der Murr in den Neckar eine römische Ortschaft, deren Bewohner sich vicani Murrenses nannten. In der Nähe von Wimpfen gab es eine civitas Alisinensium, die nach dem Flüßchen Elsenz benannt zu sein scheint. Das Dorf Elsenzen bei Eppingen heißt im 8. Jahrhundert Alsenzen, der bei Neckargemünd mündende Fluß im 10. Jahrhundert Elisinza. Weiter nannten sich die Bewohner des Elztales in der Gegend von Neckarburken Elantienses. Das Dorf Neckarelz an der Mündung des Flüßchens heißt im 8. Jahrhundert noch Villa Alantia. Alle diese Bildungen, denen man noch die Triputienses im Odenwald an die Seite stellen könnte, die nach einem Dreiborn benannt sind, zeigen, daß alte Ortsnamen in dieser Gegend nicht erhalten waren. Sie sind erst bei der römischen Kolonisation des Landes entstanden, die Gründung dieser Ortschaften gehört also der mittleren Flavierzeit an, denn die Wiederbesiedlung ging nach Tacitus der Anlage des Limes und der Errichtung der Kastelle voraus. Sie liegen in dem Gebiete, wo wir nach der bithynischen Inschrift den Tractus oder Saltus Translimitanus und kaiserliche Domänen angenommen haben, die mit dem Saltus Sumelocennensis gemeinsam verwaltet wurden. Die Murrenses also, Alisinenses, Elantienses und Triputienses waren ursprünglich gallischer Abstammung, arme Leute, die sich als Kolonen auf dem zu kaiserlichen Domänen erklärten Lande niedergelassen haben.

Ob auch bei der Besiedlung der Rheinebene, soweit sie nicht von Neckarsueben und andern längst von den Römern abhängigen Germanen bewohnt war, und in der Wetterau dasselbe System angewandt und das Land zunächst zu kaiserlichen Domänen erklärt wurde, kann man vorerst nicht entscheiden. Von der Hand weisen läßt es sich wohl nicht, daß auch unter den späteren Aquenses in der Umgebung von Baden-Baden und den Taunenses in der Wetterau die Nachkommen ursprünglicher Pächter von Dekumaten-Ackern auf kaiserlichen

Domänen waren. Die lateinische Bildung auch dieser Namen beweist jedenfalls, daß die betreffenden Distrikte erst in der römischen Zeit von neuem besiedelt worden sind.

In der Geschichte des römischen Kolonats läßt sich die fortwährende Entvölkerung und Verarmung der andern Provinzen des Reiches deutlich verfolgen. Nirgends ist es den Kolonen gelungen, wie man sagt, auf einen grünen Zweig zu kommen. In einer Beschwerdeschrift der Pächter einer kaiserlichen Domäne in Afrika über ihre Verwaltung an Commodus nennen sich die offenbar freien Leute „Haus= und Pflegleute des Kaisers", „arme und schwache Bauern, die von ihrer Hände Arbeit leben", und begründen ihre Klagen über ungerechte Anforderungen der Verwalter damit, daß es ihnen an sich schon schlecht genug ergehe. Sumelocenna dagegen war am Ende des zweiten und im dritten Jahrhundert der bedeutendste Ort nicht allein des Neckargebietes, sondern vielleicht der rechtsrheinischen Provinz überhaupt. Die römische Stadt erstreckte sich auf beiden Seiten des Flusses weit über die heutige hinaus. Fortwährend werden in und bei Rottenburg die Werkstücke monumentaler Bauten, Säulen, Kapitelle und Gesimse, Bildwerke und Inschriften aufgefunden, die Ruinen von Heiligtümern und Bädern, auch ein großes Theater sind zum Vorschein gekommen, und die Zahl der antiken Münzen aus Rottenburg beträgt gegen neunhundert. Hier hat also die Kolonisation der Flavier die Entwicklung des Landes zu hoher Blüte gebracht.

Viertes Kapitel.

Von Traian bis Antoninus Pius.

1. Die Gemeindeordnung.

Die militärischen Unternehmungen der Flavier in dem rechtsrheinischen Deutschland und ihre planmäßige Kolonisation der früher veröbeten Gegenden fanden ihren Abschluß in der Vereinigung des eroberten oder in Besitz genommenen Gebietes mit der römischen Provinz. „Die Dekumaten=Äcker", sagt Tacitus, „gelten als Annex des Reiches und Teil der Provinz." Von welcher Provinz ist hier die Rede, und was bedeutete es für das Land, mit der römischen Provinz vereinigt zu werden?

Wir haben oben gesehen, daß das ganze Grenzgebiet auf dem linken Rheinufer vom Bodensee bis an die Mündung zu der Provinz Belgica gehört hat, und daß es nur insofern eine Ausnahmestellung einnahm, als hier Truppen unter selbständigem Kommando lagen (S. 26). Im ersten Jahrhundert ist nie von einem Statthalter der Provinz Germanien die Rede, sondern immer nur von den Höchstkommandierenden des untergermanischen und des obergermanischen Heeres. Aber allmählich gewöhnte man sich daran, ohne daß eine administrative Trennung von Belgien durchgeführt worden wäre, die Rheingegenden schlechthin Germanien und die beiden Kommandobezirke oberes und unteres Germanien zu nennen. So werden in dem Militärdiplom vom Jahre 74 (S. 54) die Auxiliartruppen des obergermanischen Heeres mit den Worten bezeichnet, „die in Germanien unter dem Kommando des Cn. Pinarius Cornelius Clemens stehen", und dieselbe Bezeichnungsweise wird auch im Jahre 82 noch angewandt, obwohl es in beiden Jahren zwei Heere in Germanien gab. Erst in dem Militärdiplom des Jahres 90 heißt es von denselben Truppen zum ersten Male, „die in dem oberen Germanien unter L. Javolenus Priscus stehen", und auf dem Grabstein dieses Mannes, eines bekannten, angesehenen Juristen, ist auch zum ersten Male von einer Provinz Obergermanien die Rede. Priscus heißt dort legatus consularis provinciae Germaniae superioris, Statthalter konsularischen Ranges der obergermanischen Provinz. Man hat allerdings eingewandt, daß Priscus, der nach seiner Tätigkeit in Germanien noch Statthalter von Syrien und Afrika war, erst unter Hadrian gestorben sein könnte, daß also erst für die Zeit dieses Kaisers auf dem Grabstein, wie auch auf andern Denkmälern, eine Provinz Obergermanien bezeugt sei. Wie dem auch sei, jedenfalls steht fest, daß die äußerliche Lostrennung Obergermaniens von Belgien in der Zeit von Domitian bis Hadrian erfolgt ist, nicht sehr lange vor oder nach dem Jahre 90 n. Chr. Geb.

Wenn man sich nun die Frage vorlegt, welche Veränderungen in diesem Zeitraum eingetreten sind, die eine so bedeutende Maßregel, wie die Einrichtung einer eigenen Provinz, veranlaßt haben könnten, so bietet sich ohne weiteres die Vereinigung des rechtsrheinischen Gebietes mit dem Reiche dar. Nach dem Zuwachs von 30000 qkm Land auf dem rechten Rheinufer konnte das römische Germanien nicht mehr bloß als Militärgrenze Galliens angesehen und verwaltet werden. Die Verselbständigung der obergermanischen zog auch die Loslösung der Provinz Untergermanien von Belgien nach sich. Eine völlige Trennung ist allerdings auch dann nicht eingetreten. Die Verwaltung der Finanzen in allen drei zuvor vereinigten Provinzen blieb einem kaiserlichen Prokurator, der seinen Sitz in Trier hatte, anvertraut.

Die Vereinigung des rechtsrheinischen Gebietes mit der Provinz Germania superior bedeutet die Einführung der römischen Provinzialverfassung, das heißt, einer Organisation, wie Kaiser Augustus sie im Jahre 27 v. Chr. Geb. Gallien gegeben hatte (S. 26), also einer der dort bestehenden analogen Gemeindeordnung. Wir haben allen Grund zu der Annahme, daß beides gleichzeitig geschah und von Traian selbst sehr bald nach seiner Erhebung zum Regenten zur Durchführung gebracht worden ist.

M. Ulpius Traianus war vermutlich schon als jüngerer Offizier in Germanien gewesen, hatte als Legionskommandant im Jahre 89 zur Unterwerfung der Empörung des Antonius Saturninus Truppen aus Spanien nach dem Rhein geführt und war nach seinem Konsulate im Jahre 91 wahrscheinlich Ende 96 oder Anfang 97 an die Spitze des obergermanischen Heeres gestellt worden. Im Oktober 97 erreichte ihn hier die Nachricht von seiner Adoption durch den Kaiser Nerva und seiner Ernennung zum Mitregenten, und in Köln empfing Traian Ende Januar 98 die Botschaft von Nervas Tod. Die begonnenen organisatorischen Arbeiten hielten jedoch den neuen Herrscher noch länger in Germanien zurück. Der Tiber fordert bei dem Dichter Martial vom Rhein, Traian seinen Völkern und Rom zurückzugeben. Erst Herbst 98 waren die Dinge so weit, daß der Kaiser die Durchführung seiner Pläne in Germanien andern überlassen und sich zunächst nach den Donauländern begeben konnte.

Über die Tätigkeit Traians in Germanien haben wir nur sehr wenige literarisch überlieferte Nachrichten. In den kurzen Angaben über seine Regierung bei Eutropius, dem Verfasser eines dürftigen Abrisses der römischen Geschichte aus dem vierten Jahrhundert, heißt es, er habe die Städte über dem Rhein wiederhergestellt. Was das bedeuten soll, lehrt uns der Name, den die Neckarsueben seit Traian geführt haben. Sie nennen sich nach ihm civitas Ulpia Sueborum Nicretum. Traian hatte ihnen also eine Gemeindeordnung, Beamte, Rat und die Rechte der Selbstverwaltung verliehen, wie sie die Gaue Galliens über dem Rhein besaßen. Lopodunum, die Hauptstadt des Gaus, war zwar nur ein vicus, eine Ortschaft, der Ausdruck urbes bei Eutropius ist mißverständlich für civitates gebraucht. Aber es durfte sich mit den Vororten jener älteren Gaugemeinden, die alle auch nur vici waren, auf eine Stufe stellen, und hatte, nach den bei Ladenburg gefundenen Trümmern großer öffentlicher Bauten zu schließen, auch ein durchaus städtisches Aussehen. Sogar eine Stadtmauer hat Lopodunum noch in der ersten Hälfte des zweiten Jahrhunderts, wahrscheinlich unter Hadrian, erhalten, und die Gemeindebeamten müssen das Recht besessen haben, zu deren Verteidigung im Notfalle die Bürgerwehr aufzubieten. Denn römische Truppen haben in Lopodunum nicht gestanden. Als in der späteren Zeit die Verpflichtung zum Unterhalt der Straßen an die Gaugemeinden übergegangen war, wurden die Entfernungen auf den Meilen- oder vielmehr Leugensteinen im Gebiet der Suebi Nicretes von Lopodunum aus verzeichnet. Die Berechnung nach Leugen, dem in Gallien alteinheimischen Wegemaß zu 2220 m, statt römischer Meilen zu 1480 m, hat Caracalla in den gallisch=germanischen Provinzen eingeführt. So sind in der Thibautstraße in Heidelberg nicht weniger als acht Meilensteine zusammen gefunden worden, die einst nebeneinander an der Stelle gestanden haben, bis zu der die vierte Leuge von Ladenburg reichte. Sie tragen die Namen des jeweils regierenden Kaisers von Elagabal bis Valerian und Gallienus, den Titel der Gaugemeinde, C. U. S. N oder C. S. N, und die Leugenzahl a Lop(oduno). Aus diesen und andern Inschriften ersieht man, daß in der späteren Kaiserzeit der Beiname Ulpia auch bisweilen ausgelassen wurde.

Wie weit das Gebiet dieser Gaugemeinde, die im Westen bis an den Rhein gereicht haben muß, nach den andern Seiten ausgedehnt war, ist nicht bekannt. Möglicherweise hat erst der Main die Nordgrenze gebildet und die civitas Sueborum von der civitas Mattiacorum um Wiesbaden und der civitas Taunensium um Hebbernheim geschieden. Eine Inschrift der vicani Aquenses, die kürzlich in Wiesbaden gefunden worden ist, beweist, daß auch dieses, die viel besuchten Aquae Mattiacae, nur ein Vicus war, als solcher aber seine eigenen Beamten hatte, die von den Beamten der Gaugemeinde, den duoviri civitatis Mattiacorum, zu unterscheiden sind. Die civitas Taunensium reichte bis Friedberg, wo jüngst ein Leugenstein dieser Gaugemeinde mit Angabe der Entfernung a Nida gefunden worden ist. Nida war also der antike Name von Hebbernheim, und das Gebiet der Gaugemeinde hat mindestens die westliche Wetterau umfaßt.

Südlich an den Gau der Neckarsueben grenzte die civitas Aquensis mit dem Vororte Baden=Baden. Bei der Vorliebe der Alten für den Gebrauch heißer Bäder ist es selbstverständlich, daß die Quellen von Baden=Baden nach der Offnung der Grenze bald Benutzer und Ansiedler aus Gallien angezogen haben. Schon unter den Flaviern muß hier ein ansehnlicher Vicus entstanden sein. Von den gesicherten Münzen, die Bissinger in seinen Verzeichnissen der im Großherzogtum Baden gefundenen antiken Münzen aus Baden=Baden aufzählt, sind unter 619 Stücken (bis zum Jahre 1888) nur 8 aus der Zeit vor Vespasian, darunter 3 der Kaiser Nero und Galba, die jedenfalls unter den Flaviern noch im Verkehr waren, dagegen 28 Stücke Vespasians, Titus' und Domitians, sowie 32 Stücke Traians. Hierin zeigt sich deutlich, daß die Römer erst in der Zeit der Flavier in Baden=Baden heimisch geworden sind. Auch unter den sehr zahlreichen römischen Gefäßen entsprechen die ältesten den Funden von Schleitheim, Hüfingen und Rott=

weil (S. 38). Es kommen darunter sogar Terra-sigillata-Gefäße mit ganz feinen Mustern vor, die nach der Ansicht Schumachers, auf dessen Beobachtungen wir uns auch hier stützen, noch in die vorflavische Zeit gesetzt werden könnten. Baden-Baden war also einer der ersten Punkte jenseits des Rheins, dessen die Römer sich versicherten, trotzdem er außerhalb des Limes lag, und damit wird es zusammenhängen, daß der von den Hauptverkehrslinien nicht berührte Ort gleichwohl eine Besatzung erhalten hat. Die 26. Kohorte freiwilliger römischer Bürger hat eine Zeitlang in Aquae gestanden. Nach den sorgfältigen Beobachtungen des Architekten A. Klein in Baden-Baden lag das Kastell auf dem Rettich am rechten Ufer der Oos in nächster Nähe des Quellengebietes.

Auch für die Tätigkeit Traians haben wir aus Baden-Baden ein monumentales Zeugnis, die Inschrift eines auf dem Rettich gefundenen Architravs mit dem Namen des Kaisers und dem der Stifter des Gebäudes, der Legionen I. Adiutrix und XI. Claudia, neben denen vielleicht noch die übrigen Legionen des obergermanischen Heeres auf dem unvollständig erhaltenen Architrav zu ergänzen sind. Was auch die Veranlassung dieser an solcher Fundstelle höchst auffallenden Widmung der Legionen gewesen sein mag, sie ist ein Zeugnis des Interesses, das der Kaiser selbst für den Ort gehegt hat. Um so lieber würde man auf ihn die Erhebung von Aquae zum Vororte einer Gaugemeinde bei der Organisation des Landes zurückführen, wenn es nicht Bedenken erregte, daß diese auf den ziemlich zahlreichen älteren Inschriften immer nur civitas Aquensis, seit Caracalla auch civitas Aurelia Aquensis, niemals aber Ulpia heißt. Das Gebiet auch dieses Gaues war ausgedehnt. Im Jahre 1898 ist in dem württembergischen Dorfe Dürrmenz an der Enz unterhalb von Pforzheim eine Inschrift gefunden worden, die ein Ratsherr der Civitas Aquensis gesetzt hat. Also auch Pforzheim, das nach der großen Zahl seiner römischen Denkmäler ein ansehnlicher Vicus gewesen sein muß, gehörte wahrscheinlich dieser Gaugemeinde an. Auf der Westseite reichte ihr Gebiet bis an den Rhein.

Wie die Besiedlung und Einteilung des Landes weiter südlich in der Rheinebene und in den Tälern des Schwarzwaldes gestaltet war, ist ganz unsicher. Nach der Bedeutung, die Offenburg als Standort einer Kohorte in der ersten Flavierzeit hatte (S. 39), möchte man dort einen Vicus annehmen. Aber es fehlt noch ganz an örtlichen

Anhaltspunkten. Die Trümmer und Fundstätten aus römischer Zeit, die Bissinger gleichfalls zusammengestellt hat, häufen sich etwas mehr in der Gegend von Lahr, wo auch vereinzelt ein Ziegel mit Stempel der 8. Legion aus Straßburg vorkommt. Aber greifbar sind doch erst wieder die Verhältnisse in dem am Nordfuße des Kaiserstuhls gelegenen Riegel. Die große Zahl der hier gefundenen Römermünzen, bis jetzt über 160 gesicherte Stücke, die Mengen von Terra-sigillata und anderer Tonware ließen schon immer keinen Zweifel, daß Riegel ein bedeutender Platz in römischer Zeit gewesen ist, bis Schumacher neuerdings durch systematische Untersuchungen in dem Städtchen selbst und namentlich auf seiner Nordwestseite die Überreste eines großen römischen Vicus festgestellt hat. Aus den Einzelfunden schließt derselbe Forscher, daß die römische Niederlassung jedenfalls schon unter Vespasian gegründet war und in der Zeit Trajans sich hoher Blüte erfreute. Ob die römischen Kolonisten, die sich also sehr bald nach der Öffnung der Grenze in großer Zahl an dieser vielleicht schon vorher bewohnten Stelle (S. 30) niederließen, Dekumaten-Äcker erhalten oder Grundstücke auf anderm Wege erworben haben, ist ungewiß, und über die Grenzen der Civitas, zu der Riegel gehörte, läßt sich keine weitere Vermutung wagen, als daß sie mit dem Breisgau im großen und ganzen zusammengefallen sein wird, nach dem bereits im 4. Jahrhundert ein Zweig der Alamannen benannt ist. Von der Stätte Tarodunums liegen bisher nur spärliche Anzeichen einer Wiederbesiedlung in römischer Zeit vor, und keinesfalls darf hier, innerhalb des ältesten Limes, ein römisches Kastell angenommen werden.

Nur an einer Stelle treffen wir im südlichen Baden auf ein monumentales Zeugnis der Römerzeit. Die alten Bäder in Badenweiler sind das bedeutendste einheitliche Baudenkmal der Römer auf der rechten Seite des Rheins und verdienen es wohl, den Monumenten Triers an die Seite gestellt zu werden. Im Jahre 1784 durch Zufall entdeckt, ist die wunderbare Ruine, dank der Fürsorge des Markgrafen Karl Friedrich und dank der Umsicht des Ministers von Edelsheim, in musterhafter Weise ausgegraben und erhalten worden. Ein einheitlicher Bau von 65 m Länge, beiderseits von Vorhöfen eingefaßt, die ehemals mit Säulenhallen geschmückt waren, umschließt in symmetrischer Anordnung für Männer und Frauen eine Reihe von vier weiten, reich durch Nischen gegliederten und einst überwölbten Sälen mit Schwimmbassins für Thermalwasser von zusammen gegen 300 qm Fläche, sowie die erforderlichen Räume und Heizvorrichtungen für die Heißluftbäder, die zu römischen Thermen jeder Art gehören. Die Größe dieser Badeeinrichtungen nötigt zu dem Schluß, daß der Ort in römischer Zeit viel besucht war, und wenn die Benutzer der Bäder auch überwiegend Fremde aus der benachbarten Kolonie Augusta Raurica und andern linksrheinischen Städten gewesen sein mögen, so setzt die Bedeutung des Bades doch zugleich eine große ständige Niederlassung voraus. Aus den Ausgrabungsberichten von 1784 und 1785, die sich im Generallandesarchiv in Karlsruhe befinden, ergibt sich in der Tat, daß der Boden in der Umgebung der Thermen, namentlich an dem Abhange, den jetzt der Kurpark einnimmt, die tiefverschütteten Überreste anderer römischen Baulichkeiten birgt. Wenn das römische Badenweiler auch gewiß nicht an die Bedeutung von Baden-Baden heranreichte, dessen Quellen soviel heißer und stärker sind, so war es doch sicherlich ein ansehnlicher Vicus. Unter den Funden, deren Hauptmasse dem 2. und 3. Jahrhundert angehört, bestätigen einzelne Stücke älterer Zeit, was von vornherein anzunehmen war, daß hier wie dort die Bäder in der Flavierzeit von den Römern in Benutzung genommen wurden. Militär hat dagegen in Badenweiler so wenig als an irgend einer andern Stelle des von den ältesten Limites umschlossenen Gebietes gelegen, und es ist auch keine Spur von militärischen Anlagen oder Denkmälern in Badenweiler aufgefunden worden.

Wenn es bei der Civitas Aquensis zweifelhaft, bei der Gaugemeinde, die wir im südlichen Rheintal angenommen haben, ganz unsicher ist, ob sie schon unter Traian eingerichtet wurden, so läßt sich die Umwandlung der als besondere Verwaltungsbezirke organisierten kaiserlichen Domänen auf der Ostseite des Randgebirges in gewöhnliche Gaugemeinden nicht wohl vor die Mitte des 2. Jahrhunderts setzen. Die oben angeführte Inschrift aus Rottenburg, die in honorem domus divin(ae), zu Ehren des göttlichen Kaiserhauses, noch vom Rate des saltus Sumelocennensis gesetzt worden ist, gehört zwar einer ziemlich frühen Zeit an, denn die Widmungsformel ist hier noch nicht in der bereits unter Antoninus Pius vorkommenden Weise in die Buchstaben i. h. d. d. verkürzt, aber die Inschriften, in denen die civitas Sumelocennensis vorkommt, können umgekehrt ziemlich spät sein. Die Organisation der Pächter des Domaniallandes und der andern Ansiedler des Gebietes von Sumelocenna wird von vornherein der in den autonomen Gaugemeinden bestehenden Ordnung möglichst angenähert gewesen sein. Schon in der Zeit Hadrians ist auf dem Köngener Meilenstein die Entfernung a Sumelocenna angegeben, wie die Leugen im Gebiete der Neckarsueben a Lopoduno und in der Civitas Aquensis ab Aquis. Auf die glänzende äußere Entwicklung des Vicus Sumelocenna wurde oben bereits hingewiesen (S. 60) und auch angegeben, daß der Gau sich nach Norden wahrscheinlich bis Cannstatt erstreckte.

Um so mehr wird man geneigt sein, südlich von Sumelocenna bis zum Rhein einen weiteren Gau anzunehmen, zumal die Römer dieses Gebiet früher als Sumelocenna besetzt hatten. Bei Rottweil war auf dem rechten Neckarufer, dem großen Ringwall und dem römischen Kastell gegenüber, eine sehr bedeutende römische Niederlassung entstanden. Die Grundmauern vornehmer Privathäuser auf der Flur Hochmauern, ein sehr stattliches Bad bei der Kirche von Altstadt, schöne Mosaiken und Einzelfunde aller Art aus Bronze, Glas und Terrakotta beweisen die Blüte von Arae Flaviae in der mittleren Kaiserzeit. Und da es zugleich angelegt war, um einen religiösen Mittelpunkt in der oberen Neckargegend zu bilden, so wird man auch hier lieber den Vorort einer Gaugemeinde als einen beliebigen Vicus des Saltus und der späteren Civitas Sumelocennensis suchen. Allerdings sind die Gaugemeinden im eigentlichen Gallien durchweg von sehr großer Ausdehnung, bildete doch das ganze Helvetierland nur eine einzige Civitas. Aber auch am mittleren und unteren Neckar scheinen die Römer verschiedene kleinere Gaugemeinden eingerichtet zu haben.

Hier ist durch die Ausgrabungen der Limeskommission in Wimpfen ein großer befestigter Vicus, der das Kastell auf drei Seiten umgab, festgestellt worden. Wie in Lopodunum scheint die Umfassungsmauer nicht erst in spätrömischer Zeit entstanden zu sein. Die oben (S. 58) erwähnte, nur 6 km von Wimpfen entfernt bei Bonfeld gefundene Inschrift trug die Statue des Genius der Civitas Alisin(ensis), deren Name nur wenig verkürzt auf dem Steine steht und von der Benennung des Flüßchens abgeleitet scheint, das sich bei Neckargemünd in den Neckar ergießt. Man würde hiernach diese Gaugemeinde am liebsten im Neckarbergland suchen, und Wimpfen könnte recht gut Vorort dieses Gebietes gewesen sein. Der Stifter des Denkmals in Bonfeld war aber Ratsherr einer andern Gaugemeinde, deren Name in dieser Gegend nicht fremd gewesen sein kann, weil er nur mit den Anfangsbuchstaben St bezeichnet ist. Mit denselben Buchstaben beginnt der Name einer römischen Kundschaftertruppe, die im 3. Jahrhundert in dem Kastell Walldürn am äußeren Limes ihr Quartier hatte. Dort ist nur leider durch Verletzung des Steines der Rest des Namens bis auf die Buchstaben Stu verloren gegangen. Da aber die Kundschaftertruppen in der Regel aus Einheimischen gebildet wurden, so muß wohl auch die civitas St. oder Stu… im unteren Neckargebiet gesucht werden. Endlich ist im Kochertal bei Neuenstadt nur 12 km östlich von Wimpfen eine dritte Civitas bezeugt, deren Doppelname A. G. abgekürzt wird. Wenn diese, wie es scheint, von der Civitas Alisinensis verschieden ist, so würden sich also drei Gaugemeinden hier um das Anrecht auf Wimpfen streiten.

Die römische Ansiedlung im Kochertal liegt bereits auf der Ostseite des Neckars, also außerhalb der für die Zeit um das Jahr 100 n. Chr. Geb. anzunehmenden Reichsgrenze. Allein, wie die Römer nach der Besetzung des oberen Neckartales nicht am damaligen Limes Halt gemacht haben, sondern mit der Anlage kaiserlicher Domänen in das mittlere Neckargebiet vorgedrungen sind, und wie sie in derselben Weise nach Errichtung des nächsten Limes, der Heerstraße von Mainz über Cannstatt nach der Donau, den Tractus translimitanus durch Pächter von Dekumaten-Äckern kolonisiert haben, so griff die römische Besiedlung auch unterhalb Cannstatts über die domitianisch-traianische Grenze, den Neckar und die ihn auf dem linken Ufer begleitende Grenzstraße, hinaus. Aus Odheim am Kocher, unterhalb von Neuenstadt, besitzt man einen Ziegel der 2. Hispanischen Kohorte, die anscheinend in der traianischen Zeit in Wimpfen gelegen hat. Auch die Vicani Murrenses haben sich nicht erst in der zweiten Hälfte des 2. Jahrhunderts auf dem rechten Ufer des Neckars niedergelassen. Wir müssen uns vielmehr vorstellen, daß alsbald auch östlich vom Fluß Domanialgüter geschaffen und successive mit Kolonen besiedelt wurden. Zum Schutz dieser im Lauf der Zeit immer weiter ausgedehnten Ansiedlungen wurde alsdann bald nach dem Jahre 150 ein neuer Limes von Miltenberg über Walldürn, Jagsthausen und Öhringen nach Welzheim angelegt. Die Organisation der Gaugemeinden wird auch hier den Abschluß des ganzen Prozesses der Besitznahme gebildet haben.

2. Der Ausbau des Straßennetzes.

War die Anlage der Heerstraßen nach der Donau das Hauptziel des Vordringens der Römer über den Rhein gewesen, so nötigte die Besitzergreifung und Besiedlung des Landes und die Errichtung von vorgeschobenen Auxiliarkastellen dazu, das innere Straßennetz weiter auszubauen. Auch damit hat Trajan den Anfang gemacht. Durch Zangemeisters glückliche Entzifferung eines römischen Meilensteins, der bis in neuere Zeit als Grenzzeichen der Gemarkung Bühl gedient hat, ist festgestellt worden, daß die Straße, die am Fuß des Gebirges in nordsüdlicher Richtung die rechtsrheinische Ebene durchzieht, im 4. Jahre Trajans, also 100 v. Chr. Geb., erbaut ist. Die Inschrift des Meilensteins gibt die Entfernung, 120 römische Meilen, von der Provinzialhauptstadt Mainz an. Nördlich von Stettfeld bis Neuenheim und vielleicht noch weiter bis Ladenburg bildet der Straßenzug ein Glied der domitianischen Heerstraße vom Rhein nach der Donau. Hier, südlich bei Bühl, hat die trajanische Straße nur Bedeutung für den Verkehr innerhalb der rechtsrheinischen Provinz und nach Helvetien, denn zu dem Ausgangspunkt der Straße über das Neckarbergland bei Ettlingen hatten die Römer von Straßburg her bequemere Zugänge. Appenweier verdankt seinen Ruhm modernem Mißgeschick. Auch die Verbindung über Offenburg nach Rätien hatte in der trajanischen Zeit ihre ursprüngliche Bedeutung schon wesentlich eingebüßt. Da der römische Vicus in Riegel und die Bäder von Badenweiler bereits in der Flavierzeit ansehnlich waren, so wird die Fortsetzung der Bergstraße über Offenburg hinaus nach Süden gleichfalls unter Trajan gebaut worden sein, wahrscheinlich bis zum Rheinübergange bei Augusta Raurica.

Nördlich von Neuenheim trennte sich die römische Bergstraße wahrscheinlich in Lopodunum von der Hauptstraße über Lorsch nach Gernsheim oder Mainz und führte über Heppenheim, wo kürzlich ihre Reste durch Ausgrabungen festgestellt worden sind, direkt nach Frankfurt. Wann dieser Abschnitt, der für den Verkehr der Truppen zwischen der Wetterau und dem südlichen Teil des rechtsrheinischen Römerlandes wichtig war, ausgebaut wurde, steht nicht fest. Vermutlich haben überall am Fuß des Gebirges schon vorrömische Wege bestanden, die, mögen sie auch in übelem Zustande gewesen sein, nur erneuert zu werden brauchten.

Von Neuenheim legten die Römer auch eine direkte Straße durch die Rheinebene nach Straßburg, die nach dem Übergang über den Neckar sich südwestlich wendet und allmählich dem Rhein nähert. Sie ist in ihrem ganzen Verlauf über die als Römerstätten bekannten Orte Graben, Mühlburg bei Karlsruhe, Rastatt und Hügelsheim bis Kehl festgestellt worden. Da Rastatt auch mit Ettlingen verbunden war, so bildet dieser Straßenzug für die in Straßburg stehenden Truppen einen weiteren Zugang zu der Heerstraße nach Rätien.

Die Längsstraßen durch die Rheinebene wurden durch zahlreiche Querstraßen gekreuzt, die für den Verkehr zwischen den linksrheinischen Teilen der Provinz und den neu errichteten Kastellen am Main, im Odenwald und am Neckar im militärischen Interesse besonders notwendig waren. Die Hauptverbindung des Mainzer Legionslagers mit den Kastellen am Main lag anfangs auf der Nordseite der Flusses und überschritt ihn oberhalb Frankfurts bei Bürgel oder erst bei Kesselstadt, der Kopfstation der römischen Stellungen auf dem rechten Ufer, wo eine künstlich gefestigte Furt festgestellt worden ist. Die Straße mündete hier in den Grenzweg, der auf dem linken Ufer von Kastell zu Kastell mainaufwärts zog und sich in dem Odenwaldlimes fortsetzte.

Weiter südlich folgte eine Straße von dem alten Rheinübergang bei Gernsheim über Pfungstadt und die Ausläufer des Odenwaldes hinweg nach Dieburg, wo ein römischer Vicus durch Funde und eine Weihinschrift bezeugt ist. Der Name erscheint auf dieser zu V. V. abgekürzt. Da nach Ptolemäus Vangionen auch östlich vom Rhein gewohnt haben, könnte man daran denken, sie hier als vicani wiederzufinden. In Dieburg spaltete sich die Straße in zwei Äste, deren einer nach dem Kastell und dem Mainübergang bei Stockstadt und mit einer Abzweigung nach Seligenstadt führte, der andere nach dem dritten Kastell am Main, Niedernberg. Ob das weiter flußaufwärts gelegene Obernburg und die Kastelle im Odenwald gleichfalls durch direkte Wege mit der Rheinebene in Verbindung standen, ist unbekannt. Von Westen nach Osten ziehende Römerstraßen sind im Odenwald bis jetzt nicht aufgefunden worden.

Dagegen von Neuenheim-Heidelberg aus lief eine Straße über den Königsstuhl nach Neckargemünd und weiter direkt über die Berge in der Richtung auf die Mündung der Elz, überschritt bei dieser den Neckar und führte zum Kastell Neckarburken. Neuenheim-Heidelberg stand aber auch nach der andern Seite über Schwetzingen mit Noviomagus-Speier in direkter Verbindung. Von hier ging eine weitere, durchlaufende, von Westen nach Osten gerichtete Straße aus, die bei Wiesloch die Bergstraße kreuzte und quer über das Neckarbergland nach dem Kastell und Vicus in Wimpfen zog. Die südlich folgenden Neckarkastelle Böckingen und Walheim waren wohl einfach durch Seitenstraßen an die Linie Stettfeld-Cannstatt angeschlossen, die wir als Glied der großen Heerstraße von Mainz nach der Donau betrachtet haben.

Alle weiter südlich gelegenen Querverbindungen im Rheintal hatten, soweit sie nicht als Zufahrten zu den Gebirgsübergängen dienten und oben als solche erwähnt wurden, nur lokale Bedeutung. So stand z. B. Riegel in direkter Verbindung mit einem Rheinübergang und den römischen Ortschaften im Elsaß. Aber die Lage der weiteren Rheinübergänge und der Lauf dieser sekundären Straßen ist nicht gesichert. Im Innern des Schwarzwaldes endlich sind, das Kinzigtal ausgeschlossen, bis jetzt keinerlei römische Funde gemacht worden. Die römischen Straßen im oberen Neckargebiet bildeten also ein System für sich, das nur über Cannstatt und Rottweil durch die großen Heerstraßen nach Windisch, Straßburg und Mainz an das System auf der Westseite des Schwarzwaldes angeschlossen war.

Im Neckargebiet bildete die Grundlinie des römischen Straßennetzes die Heerstraße, die, im allgemeinen dem Flusse folgend, die Kastellreihe von Rottweil bis Wimpfen durchläuft und in den Odenwaldlimes übergeht. Allerdings ist nur unterhalb Cannstatts ein solcher Straßenzug gefunden worden. In dem oberen Neckargebiet kam es den Römern mehr darauf an, die großen Krümmungen des Flusses abzuschneiden. Auch prägt sich hier das schrittweise Vordringen der Römer in der Anlage der Straßen aus. Rottweil ist deshalb durch zwei getrennte Straßen mit dem Kastell Sulz und mit Sumelocenna-Rottenburg verbunden, Rottenburg wieder in derselben Weise mit Grinario-Köngen und Cannstatt. Aber die Linie Rottweil-Rottenburg-Cannstatt ergab doch schließlich eine durchlaufende Linie, die sich freilich erst östlich, dann westlich weit vom Neckar entfernte und die Kastelle Sulz und Köngen seitlich liegen ließ. An diese Hauptlinien schließen sich nach Westen und Osten abzweigende Straßen an. Einerseits sind es die Verbindungen der Hauptorte am Neckar mit den zahlreichen Niederlassungen auf der Ostseite des Schwarzwaldes, andererseits die verschiedenen Aufstiege auf die Alb und die Straße in das Remstal, die von Cannstatt ausging. Während die andern nur von sekundärer Bedeutung waren, gewann diese, die Remstalstraße, sehr bald eine erhöhte Wichtigkeit.

Auch auf der Nordseite Rätiens nämlich haben die Römer in der Zeit Traians die Truppenlager über den Schwäbischen Jura, das Ries und den südlichen Teil des Fränkischen Jura vorgeschoben. Gerade im Remstal entstand eine Reihe von Kastellen, Lorch, Schierenhof bei Schwäbisch=Gemünd und Unter=Böbingen, sowie das große Kavallerielager Aalen in der Fortsetzung der Remstallinie am Austritt des Kochers aus dem Jura, die mit Kohorten und einer Ala des rätischen Heeres besetzt wurden. Durch Anlage der Remstalstraße und ihrer Fortsetzung über Aalen hinaus nach der Gegend von Bopfingen und dem Ries gewann man zugleich eine neue Verbindung mit der Donau, deren Entwicklung zu einer Hauptlinie des Verkehrs allerdings erst späterer Zeit anzugehören scheint. Denn da Urspring bis über die Mitte des zweiten Jahrhunderts hinaus besetzt blieb, so muß auch die Heerstraße, zu deren Bewachung dieses Kastell gedient hat, mindestens noch bis zu dieser Zeit die Hauptverbindung der Legionslager am Rhein mit Rätien gebildet haben. Und diese Verbindung war jetzt von um so größerer Bedeutung, weil das Legionslager in Windisch seit dem Anfange des 2. Jahrhunderts geräumt war und der ganze Rückhalt für die Verteidigung der obergermanisch=rätischen Grenzgebiete auf den Legionen in Straßburg und Mainz beruhte.

Zeigt sich schon in der Anlage des Straßennetzes der vorwiegend militärische Zweck der meisten Verbindungen, so tritt dieser noch deutlicher in der Beaufsichtigung der Straßen und des Verkehrs hervor, die im Laufe des 2. Jahrhunderts überall eingerichtet wurde. Es war die besondere Aufgabe bewährter Soldaten, die vom Kommandanten des in der Provinz stehenden Heeres zu Beneficiariern ernannt, das heißt vom gewöhnlichen Dienst befreit worden waren und höheren Lohn erhielten, die Straßen zu bewachen. Ihre Stationen befanden sich, wie v. Domaszewski kürzlich nachgewiesen hat, an den wichtigsten Kreuzungsstellen im Binnenlande, den Biviae, wo eine Seitenstraße abzweigt, den Triviae, wo die Straße sich teilt, oder den Quadriviae, wo zwei Straßen sich kreuzen, sowie an den Kopfenden der Straßen und ihrem Austritt aus dem Reichsgebiet. Eine lanzenförmige Stange mit einer Kette daran, die vielleicht den Schlagbaum vertrat, bezeichnete die Station des Beneficiariers. Hier erbauten sie in der Regel dem Jupiter Optimus Maximus ein kleines Heiligtum und stellten den Wegegöttern oder den Lokalgottheiten der Gegend Altäre auf. Die uralte Scheu vor den unheimlichen Gewalten, die am Kreuzwege hausen, galt es so zu bannen. Auch in unserem Gebiet sind an vielen Stellen, die eine besondere Bedeutung für den Verkehr hatten, Denkmäler der Beneficiarier gefunden worden. Wie noch heutzutage, war in der Römerzeit Dos ein wichtiges Bivium, an dem sogar ein eigener vicus Bibiensium entstanden ist. Als Quadrivien sind unter andern Stettfeld und Cannstatt bezeugt, die, wie wir sahen, in der Tat Knotenpunkte des Straßennetzes gebildet haben. Vor allem aber standen Beneficiarier bei den meisten Grenzkastellen. In Stockstadt wurde vor einigen Jahren eine ganze Reihe der von ihnen gestifteten Altäre aufgefunden. Das Zentrum der ganzen Organisation scheint in Ladenburg gelegen zu haben. Denn ein dort errichtetes Monument war dem Genius der Beneficiarier von Obergermanien, der Eintracht der Straßen und Stationen gewidmet.

Der Grabstein eines Mannes aus Teanum Sidicinum in Campanien, der, wie die metrische Inschrift besagt, von Räubern erschlagen worden war, gefunden in der Gegend von Darmstadt, läßt als einziges Zeugnis sich nicht wohl gegen die Sicherheit des Landes in der Römerzeit geltend machen, während es andrerseits feststeht, daß namentlich unter Hadrian die kaiserliche Regierung umfassende Vorkehrungen zum Abschluß der Grenzen gegen das Eindringen räuberischer Barbaren getroffen hat.

3. Die Neuordnung der Grenzverteidigung durch Hadrian.

Wie kein anderer römischer Kaiser hat Hadrian rastlos alle Provinzen des Reiches durchzogen und sich überall persönlich von ihrem Zustande überzeugt. Dabei lag ihm die Sicherheit der Grenzen und die Erhaltung der Wehrkraft des Reiches besonders am Herzen. Die wichtigen militärischen Neuerungen, die von ihm getroffen worden sind, lassen den Wunsch erkennen, dem Reiche den Frieden gegen innere und äußere Feinde zu sichern. Namentlich auch die Grenzverteidigung ist von Hadrian neu organisiert worden.

Die Kastelle der zum Grenzdienste bestimmten Truppen im Binnenlande wurden zum größten Teil aufgehoben und die Kohorten möglichst an den Limes selbst verlegt. An Stelle der kleinen Erdkastelle für die früheren Vorposten am Grenzweg entstanden nunmehr bedeutend größere Steinkastelle für die Truppenkörper selbst, während die Lagerdörfer, die sich in der Nachbarschaft der früheren Garnisonen im Binnenlande gebildet hatten, rein bürgerliche Niederlassungen wurden. Namentlich in der Wetterau lassen sich diese Vorgänge deutlich beobachten. Alle oben (S. 50) erwähnten Kohorten= und Alenlager, vielleicht mit Ausnahme Friedbergs, wurden unter Hadrian geräumt und für die Truppen neue Kastelle am Limes erbaut. So kam z. B. die 2. Rätische Kohorte von Wiesbaden nach der Saalburg.

Zu allen Zeiten hat es für die Verteidigung eines Landes gegen feindliche Invasionen als Regel gegolten, die verfügbaren Truppen im Binnenlande zusammenzuhalten, um den Gegner, wo immer er einzubrechen versucht, mit möglichst geschlossener Kraft aufzufangen und zurückzuwerfen, gegebenenfalls auch leicht zur Offensive übergehen zu können. In der Aufstellung der römischen Auxilien in der Zeit Domitians läßt sich, wenigstens in bedrohten Gegenden, wie im ehemaligen Chattengebiet, dieses Gesetz der Strategie und damit die Rücksicht auf den Krieg wahrnehmen. Das Hinausverlegen der Truppen an die Grenze und ihre Aufstellung in der viele Meilen langen ehemaligen Vorpostenlinie auf dem Limes selbst, wie sie von Hadrian vollzogen wurde, lehrt deutlich, daß andere Zwecke in den Vordergrund getreten waren. Bei jedem kräftigen Vorstoß der Gegner mußte die Kordonstellung durchbrochen werden, weil die Truppen, weit auseinandergezerrt und isoliert, sich nicht mehr gegenseitig zu unterstützen, geschweige denn, an den entscheidenden Stellen zu sammeln vermochten. Größere feindliche Angriffe wurden also jetzt weniger gefürchtet, als die täglichen Grenzverletzungen durch kleine räuberische Scharen. Der Limes wurde zur Grenzsperre, und die Hauptaufgabe der Truppen beschränkte sich hinfort darauf, die Sperre aufrecht zu erhalten und das Überschreiten der Grenze auf die dafür bestimmten Stellen zu beschränken und dort zu überwachen.

Damit stehen andere Neuerungen Hadrians in Einklang. In seiner Lebensbeschreibung wird angegeben, er habe wiederholt in vielen Gegenden, wo die Barbaren nicht durch Flüsse, sondern durch Limites vom Reiche geschieden waren, angeordnet, sie durch Palissaden auszuschließen, „durch große Pfähle, die wie eine gemauerte Schranke tief in den Boden gesetzt und untereinander verbunden wurden". Diese Anordnung muß sich auch auf Obergermanien erstreckt haben, wo Hadrian im Jahre 121, im vierten Jahre nach seiner Thronbesteigung, verweilt hat. In der Tat sind bei den Ausgrabungen der Limeskommission die Spuren der Palissaden überall gefunden worden, wo die Grenze nicht durch Flußläufe gebildet wird. Die Pfosten standen in einem durchschnittlich metertiefen Gräbchen, das sich außen am Grenzweg entlang zieht, mit Steinen festgekeilt oder auch nur von der wieder eingestampften Erde gehalten. Begreiflicherweise sind die Pfähle an den meisten Stellen verfault und die Steine jetzt zusammengerutscht. Aber da die Römer, wie es noch heute geschieht, die Pfähle unten durch Feuer gehärtet hatten, findet man fast immer Holzkohlen in dem Gräbchen. In feuchten Wiesen haben sich aber auch hie und da die oben abgefaulten Palissaden erhalten, zuweilen mächtige Baumstämme mit schwalbenschwanzförmigen Einschnitten für die Querhölzer, durch die sie miteinander verbunden waren. Auch schon früher, bevor Hadrian die Errichtung von Palissaden für die ganze Provinz angeordnet hat, waren die Römer in einigen vermutlich durch räuberische Nachbarn besonders bedrohten Gegenden auf dasselbe Schutzmittel verfallen. Namentlich im Taunus und in der Wetterau findet man auf weite Strecken die Spuren vorhadrianischer Grenzverzäunungen, die aber meist leichter und unsorgfältiger hergestellt waren. Auch gibt es noch ein weiteres Hülfsmittel, um die älteren Limes- und Palissadenlinien von den hadrianischen oder nachhadrianischen zu unterscheiden.

Nach der Verlegung der Truppen an den Limes selbst kam es weniger darauf an, von den Wachtposten an der Grenze nach dem Binnenlande zu signalisieren, als die Alarmzeichen in der Richtung des Grenzweges selbst so rasch als möglich bis zu den Kastellen weiterzugeben. Für diesen Zweck waren aber die nach dem Terrain angelegten, oft gebogenen und geknickten Grenzlinien der älteren Zeit wenig geeignet. Sie wurden deshalb vielfach durch geradlinige Strecken ersetzt, die ohne Rücksicht auf das Gelände oft kilometerweit ein und dieselbe Richtung beibehalten. An den letzteren findet man ausnahmslos die Spuren der Palissaden. Nicht als ob jede Strecke in dieser Weise umgelegt worden wäre, aber jeder in hadrianischer oder nachhadrianischer Zeit entstandene Abschnitt des Limes zeigt die Vorliebe für geradlinige Tracierung selbst über Berg und Tal. Zur Bewachung solcher Linien und zur Durchführung eines vollkommenen Abschlusses des Reiches gegen das Ausland waren freilich bedeutend mehr Mannschaften erforderlich als zu der früheren Art der

Grenzbewachung, und die Grenztruppen mußten deshalb verstärkt werden.

In der vorhadrianischen Zeit standen in den Provinzen außer Legionen nur Auxiliarkohorten und Alen (S. 50), deren Mannschaften leichter als die Legionen bewaffnet waren. Indem nun Hadrian auch den Auxiliariern die schwerere Waffenausrüstung gab, mußte er für andere leicht bewaffnete Truppen sorgen. Deshalb wurde jetzt eine dritte Truppengattung geschaffen, die zu den Auxilien ungefähr in demselben Verhältnis stand, wie vorher die Auxilien zu den Legionen. Diese Truppen dritten Ranges wurden in Abteilungen von verschiedener Stärke, numeri genannt, formiert und vorzugsweise aus kriegerischen Völkerschaften gebildet, die der Romanisierung und Zivilisierung noch sehr fern standen, so daß die Numeri wenigstens zum Teil den Charakter von Nationaltruppen hatten. Auch die aus der Grenzbevölkerung selbst gebildeten Exploratoren oder Kundschafter waren in Numeri formiert und nahmen denselben oder einen noch niedrigeren Rang als die Nationaltruppen ein.

Diese Numeri wurden nunmehr neben den Auxiliarkohorten und Alen zum Grenzdienst herangezogen. Wo inschriftliche Zeugnisse fehlen, sind ihre Kastelle in der Regel an der Größe kenntlich. Ein normales Numeruskastell nimmt mit ungefähr 0,6—0,7 ha nur knapp ein Drittel des Areals ein, das durchschnittlich für ein Kohortenkastell erforderlich war. Doch gab es in späterer Zeit auch größere Kastelle für zwei Numeri, während Kastelle für zwei oder mehr Kohorten am obergermanisch-rätischen Limes später nie vorkommen und auch Kohorten und Numeri niemals, soweit wir wissen, in einem ungetrennten Kastell vereinigt waren.

Von allen diesen Neuerungen ist allein die Errichtung der Palissaden überall in Deutschland gleichmäßig und wohl auch gleichzeitig ausgeführt worden. Sie finden sich am Odenwaldlimes, wo zugleich mit ihrer Herstellung die ehemals nur aus Holz konstruierten Wachttürme in einer eigentümlichen Technik aus verschränkten Holzbalken und mörtellosem Mauerwerk umgebaut wurden. In derselben, an den gallischen Festungsbau (S. 15) erinnernden Technik war auch die Umfassungsmauer des hadrianischen Kohortenkastells auf der Saalburg hergestellt.

In der Wetterau weichen die neuen palissadierten Limites der hadrianischen und nachhadrianischen Zeit sehr erheblich von den älteren

Grenzlinien ab. Namentlich auf der Ostseite wurden sie weit vorgeschoben. An Stelle des älteren Grenzweges, der bei Kesselstadt an den Main führte, wurde ein Limes erbaut, der weiter östlich in langen, geradlinigen Abschnitten über Altenstadt, Marköbel und Rückingen zum Main bei Groß-Krotzenburg zog. An allen erwähnten Orten entstanden neue Kohortenkastelle in der nächsten Nähe der neuen Grenzstraße. Auch am rätischen Limes, der vermutlich in der Zeit Hadrians ausgebaut wurde, sind die Palissaden überall nachgewiesen, und nur zwischen der Gegend von Lorch im Remstal (S. 73) und dem Neckar ist es bis jetzt nicht gelungen, ihren Lauf festzustellen. Man vermutet den Anschluß an den Fluß in der Nähe des Kastells Benningen unterhalb Cannstatts.

In der Neckargegend allein hat es zunächst keinerlei Neuerungen gegeben. Auch unter Hadrian bildet zwischen Benningen und Wimpfen der Fluß die Grenze, wenigstens im Sinne jenes Erlasses über die Verpalissadierung der Grenzen, bei der die durch Flußläufe gebildeten Strecken ausgenommen waren. Auch eine Verlegung der Kastelle kam hier nicht in Betracht, weil südlich vom Main die Truppen bereits an den Flußstrecken und am Limes (im Odenwald) lagen. Auch von Truppen neuer Formation könnten allein die aus Boiern und Tribokern gebildeten Kundschafter in der Gegend von Böckingen bereits der hadrianischen Periode angehören. Und doch war auch hier am mittleren Neckar die römische Kolonisation bereits über den Fluß hinaus gegen das Gebirge und die Hohenlohesche Ebene nach Osten ausgedehnt. Es scheint, daß die Römer beabsichtigt haben, hier zuerst noch mehr herrenloses Land in Besitz zu nehmen und zu besiedeln. Erst in der Zeit des Antoninus Pius wurde in Baden und Württemberg mit der Durchführung des hadrianischen Systems die Okkupation zum Abschluß gebracht.

4. Die Brittonen-Ansiedlung.

Zu den Mitteln, die von den Römern bei der Unterwerfung kriegerischer Barbaren angewandt worden sind, gehört die Wegführung der waffenfähigen jungen Mannschaft in entfernte Teile des Reiches, und unruhige Völkerschaften wurden nicht selten aus ihren Wohnsitzen in Gegenden verpflanzt, in denen man sie leichter in Zaum halten konnte. Eine Anwendung des ersten Verfahrens haben wir in der Geschichte der Eroberung Rätiens kennen gelernt (S. 27). Die zweite Maßregel hat Tacitus im Sinn, wenn er von der Verpflanzung der Ubier auf das linke Rheinufer sagt, sie seien zur Abwehr, nicht um interniert zu werden, dort angesiedelt worden, ut arcerent, non ut custodirentur. Das letztere war also in solchen Fällen die Regel. Auch nach den Dakerkriegen hatte Traian einen Teil der Besiegten in dieser Weise aus dem Lande entfernt. Auf der Traianssäule ist der Zug der Auswanderer, von römischen Soldaten eskortiert, dargestellt, Männer, Weiber und Kinder mit Habseligkeiten und Herden.

Die Entfernung der waffenfähigen jungen Mannschaft aus Rätien und Vindelicien geschah in der Form der Zwangsaushebung, und durch fortgesetzte Aushebungen haben die Römer auch in Britannien die Widerstandskraft der Bevölkerung zu schwächen gesucht. Die Erbitterung darüber wird als Ursache immer neuer Aufstände angeführt, die Wegführung der Söhne in andere Teile des Reiches in der Form von Aushebungen stellen die Führer der Briten im Kriege gegen Agricola als drohendes Schicksal im Falle der Niederlage hin. Schließlich sahen die Römer sich auch hier zur Verpflanzung der Bewohner in andere Teile des Reiches gezwungen.

Seit dem Jahre 145 begegnen zahlreiche Brittonen-Numeri im obergermanischen Heer. Besonders häufig sind sie im Dekumatenlande vertreten. So kennen wir durch eine ganze Reihe von Inschriften Brittones Triputienses im Odenwald, Brittones Elantienses in der Gegend von Neckarburken, Brittones Murrenses in Böckingen sowie andere Brittonen-Numeri, deren Beinamen nur in abgekürzter Form, Gr(inarionenses?), L(unenses?), Cal.., erhalten sind. Es unterliegt keinem Zweifel, daß die Leute, aus denen diese Truppen gebildet worden sind, ursprünglich aus Britannien stammten. Brittonen nannten die Römer die barbarischen Völkerschaften im mittleren Teil des Insellandes im Gegensatz zu den Britanniern, den schon zivilisierten römischen Untertanen im Süden. Der mittlere Teil Britanniens war in der Zeit Hadrians im Aufstande gewesen, und gerade im Anfang der vierziger Jahre unter Antoninus Pius hatten die Römer nach schweren Kämpfen das Land bis weit nach Schottland hinein „nach Entfernung der Barbaren" in Besitz genommen und dort zwischen Glasgow und Edinburgh eine befestigte Linie, den Antoninuswall, angelegt. Das Auftreten der Brittonen-

Numeri in Obergermanien steht offenbar mit diesen Vorgängen in Britannien in Zusammenhang.

Da die Brittonen nur durch die erwähnten Militärinschriften in Deutschland bezeugt sind, so könnte man sich auch ihre Verpflanzung als durch Zwangsaushebungen bewirkt vorstellen. Allein die angeführten Namen beweisen, daß die Numeri erst in Germanien selbst formiert worden sind. Die Leute müssen also in Massen nach Deutschland verbracht und erst hier auf verschiedene Gegenden verteilt worden sein. Es fragt sich, wie man sich diese Verteilung denken soll, und wie die Römer dazu kamen, die Numeri in der angegebenen Weise zu benennen.

In den bei weitem überwiegenden Fällen sind die römischen Auxiliartruppen nach ihrer Heimat benannt, nach denjenigen Völkerschaften, aus denen die Truppen ursprünglich gebildet waren, wenn sie sich auch im Laufe der Zeit nicht immer ausschließlich von dort rekrutierten. Beinamen verschiedener Art und Numerierung dienten dabei zur Unterscheidung gleichnamiger Abteilungen. Dagegen war es bei Alen und Kohorten niemals üblich, dem Namen einer Truppe den Standort hinzuzufügen, auch dann nicht, wenn sie Generationen hindurch in einem und demselben Kastell gelegen hatte. Ebenso sind bei den Kundschaftern die Benennungen der Numeri von den Gauen, Gemeinden oder Vici genommen, aus denen die Abteilungen gebildet waren. Die Namen bezeichnen also auch in diesem Fall die Heimat der Truppe, nicht ihren Standort, wenn auch dieser häufig mit dem Aushebungsdistrikt zusammenfiel. Wäre der Standort mit dem Beinamen gemeint, so müßte dieser sich ändern, wenn die Truppe an einen andern Platz verlegt wurde. Das ist aber nicht der Fall. Der Numerus Exploratorum Germanorum Divitiensium im Kastell Niederbieber führt seinen Namen nach Divitia, schwerlich weil dieser Ort, das heutige Deutz, einmal Lagerort der Truppe gewesen ist, sondern weil die Leute dort ausgehoben worden waren. Es ist daher wahrscheinlich, daß auch die Namen der übrigen Numeri ebenso aufzufassen und die Beinamen nicht, wie gewöhnlich angenommen wird, die Garnison, sondern ebenfalls die Heimat der Mannschaften, den Aushebungsdistrikt bezeichnen. Die Brittones Elantienses, Triputienses, Murrenses, Grinarionenses, Lunenses führen also nicht die unterscheidenden Beinamen nach der Lage ihrer Kastelle, sondern weil sie Brittonen von der Elz, Brittonen von Triputei, Brittonen aus dem Gebiete der Murr, von Grinario, Ad Lunam usw. waren. Der Numerus Brittonum Murrensium kommt auch gar nicht an der Murr oder in dem der Murrmündung gegenüber gelegenen Kastell Benningen, sondern in Böckingen bei Heilbronn vor.

Ist das richtig, so waren die Brittonen nicht ausschließlich des Kriegsdienstes wegen ausgehoben, sondern sie wurden aus England nach Deutschland gebracht, um hier angesiedelt zu werden. Die Aushebung und Formierung der Numeri war erst eine weitere Maßregel, um die Waffenfähigen unter ihnen allmählich für den römischen Kriegsdienst brauchbar zu machen. Das Vorhandensein kaiserlicher Domänen in der Neckargegend und die Möglichkeit ihrer weiteren Ausdehnung auf dem herrenlosen Gebiet östlich vom Fluß und vom Limes im Odenwald könnte der Grund gewesen sein, die Brittonen gerade in diesen Teil Obergermaniens zu verpflanzen.

Wenige Decennien später hat Kaiser Marc Aurel unterworfene Barbaren zu Zehntausenden in schwach bevölkerte Gegenden des Reiches verpflanzt, zu dem doppelten Zweck, dem Land neue Bebauer zuzuführen und der Armee für frischen Nachwuchs zu sorgen. Nach dem Markomannenkriege wurden auf diese Weise ungeheure Scharen germanischer Krieger mit Weib und Kind an römische Großgrundbesitzer verteilt und auf deren Latifundien unter der Bedingung angesiedelt, daß sie nur zum Feldbau verwendet werden und an die Scholle gebunden sein sollten, es sei denn, daß sie sich zum Militärdienst zu stellen bereit wären. Die eigentümliche Rechtsstellung dieser Bevölkerungsklasse, der sogenannten Inquilinen, wird wohl die Schöpfung Marc Aurels sein. Die Brittonen auf den obergermanischen Saltus zeigen, daß sein Verfahren nicht ohne Vorläufer gewesen ist. Auch sie waren persönlich frei, denn der Unfreie ist nach römischem Recht zum Militärdienst unfähig, aber sie waren wahrscheinlich gleichfalls an die Scholle gebunden. Wir finden noch ein Jahrhundert später unsere Brittonen an derselben Stelle.

Wie die Ansiedler aus Britannien zum römischen Heeresdienst, der ja nicht bloß in Waffenübungen bestand, herangebildet und zugleich, soweit sie ausgehoben waren, beschäftigt wurden, zeigen die Militärbauten, die in den Jahren 145 und 146 n. Chr. Geb. am Odenwaldlimes von den Brittonen ausgeführt worden sind. An der ganzen Linie zwischen dem kleinen Kastell Lützelbach in Hessen, 5 km vom Main, und dem Kastell Neckarburken sind in großer Zahl die Ruinen stattlicher Bauwerke erhalten, Numeruskastelle, Bäder, Wachttürme und andere Gebäulichkeiten, die alle in rotem Sandstein mit besonderer Sorgfalt, ja mit einem sonst am obergermanischen oder rätischen Limes nicht vorkommenden Luxus erbaut waren. Sie zeigen dieselben technischen Merkmale, vorspringende Mauersockel, profilierte Gesimse, überwölbte Fenster oder Schießscharten, Galerien mit eigenartigen Steinpfeilern, ornamentierte Lünettenfüllungen, die über den Türen angebracht waren, profilierte Platten mit Bauinschriften. Nach diesen haben die Brittones Elantienses vor den Toren des Kastells der 3. Aquitanischen Kohorte in Neckarburken sich ein eigenes Numeruskastell und in dem benachbarten Trienz ein noch kleineres, nur für detachierte Mannschaften ausreichendes Kastell erbaut. Das Badegebäude in Schloßau und vier der stattlichen Steintürme im Odenwald sind von dem numerus Brittonum Triputiensium in den Jahren 145 und 146 errichtet worden. Wie die Brittonen in Neckarburken unter den Augen der Kohorte kampieren mußten, so standen die übrigen Numeri, namentlich während der Bauarbeiten, wie es scheint, unter der Aufsicht kleinerer Kommandos von Auxiliariern. Es war wohl kaum ein sehr erfreulicher Dienst. Ein solches Kommando, die vexillatio cohortis I Sequanorum et Rauracorum, dankt auf einem erhaltenen Votivstein dem Jupiter Optimus Maximus dafür, daß ein Wachtturm im Odenwald fertig geworden war. Sie werden allen Grund dazu gehabt haben. Denn die Brittonen zählten, wie die Sarmaten, zu den wildesten aller Barbaren, mit denen die Römer zu tun hatten. Juvenal stellt sie in einer aus der letzten Zeit Hadrians stammenden Satire mit den Cimbern auf eine Stufe. Der Zustand aber, der durch die Unterbringung der Brittonen-Numeri zwischen und neben den Kohorten am Main — denn auch dort haben wir Brittonen-Numeri —, im Odenwald und am Neckar eingetreten war, hat nicht lange Bestand gehabt. Als ob man nur auf die weitere Besiedlung des Landes gewartet hätte, wurde jetzt auch hier die Grenze weiter hinausgeschoben und ein neuer Limes erbaut, der das hadrianische System in seiner Vollendung zeigt.

5. Die Verlegung des Limes.

Bei dem Vorgange, den Tacitus an der mehrfach herangezogenen Stelle der Germania über die Besitznahme des rechtsrheinischen Gebietes im Auge hat, handelt es sich nicht um einen einmaligen Akt, der im Jahre 98 zum Abschluß gekommen war, sondern um ein System, das wiederholt in gleicher Weise zur Anwendung gelangt ist: vorbereitende Kolonisation durch die Anlage kaiserlicher Domänen und Ansiedlung von Kleinpächtern, militärische Besitzergreifung durch Hinausverlegung der Truppen, Anlage immer weiter vorgeschobener Limites, Erweiterung des Straßennetzes, Ausdehnung der Provinzialverwaltung und Gemeindeorganisation. Von Stufe zu Stufe ist das allmähliche, aber sichere Vorwärtsschreiten und der innere Ausbau erkennbar.

Es bedarf also keiner besonderen Erklärung, daß etwa ein Decennium nach der Brittonen-Ansiedlung der Limes abermals weiter vorgeschoben wurde. Die Römer besetzten zu diesem Zweck das rechte Mainufer von Wörth bis Miltenberg und legten hier an der Biegung des Flusses ein Kohortenlager an. Von Miltenberg wurde ein Limes über die plateauartigen Höhen nach Walldürn gezogen, der sich aus großen, absolut geradlinig angelegten Stücken, darunter einem von 11 km Länge, zusammensetzt. Bei Walldürn lag ein ausspringender stumpfer Winkel. Jenseits dieses Ortes nimmt der Limes südsüdöstliche Richtung ein und zieht sogar 80 km weit absolut geradlinig durch die Hohenlohesche Ebene, sowie über den Mainhardter und Welzheimer Wald. Südlich von Welzheim bei dem Haghof trifft die Linie auf einen nach der älteren Weise tracierten Limes, der sich mit vielen Knicken und Biegungen in östlicher Richtung fortsetzt und weiterhin die Grenze der Provinz Rätien bildet. Die Tracierung des langen geradlinigen Zuges zwischen Walldürn und dem Haghof ist so genau ausgeführt, daß im Zuge der Palissaden nur minimale Abweichungen von der mathematisch genauen geraden Linie vorkommen. Eine größere Rücksichtslosigkeit gegen die Bodengestalt kann man sich nicht vorstellen, als dieser Limesbau sie bekundet. Die Palissaden ziehen bald in die tiefsten Schluchten hinab, bald überschreiten sie die Bergrücken an Stellen, wo man bei geringer Änderung der Richtung ganz leicht in demselben Niveau hätte bleiben und zugleich eine durch das Gelände selbst geschützte Verteidigungslinie hätte wählen können. Der Grenzweg scheint sich auch an den schlimmsten Stellen von der Palissadenlinie auf kurze Strecken entfernt und die tiefsten Schluchten umgangen zu haben.

In Osterburken, Jagsthausen, Öhringen, Mainhardt und Murrhardt wurden Kohortenkastelle, bei Welzheim ein bedeutend größeres Alenkastell angelegt, und nur in Wallbürn ist bis jetzt bloß ein Numeruskastell gefunden worden. Alle diese Kastelle liegen indes in annähernd gleichen Abständen von durchschnittlich 15 km von einander entfernt. Sie beherrschen die Flußtäler und die bedeutendern Naturwege, die der Limes kreuzt. Besetzt wurden sie durch die Truppen, die bis dahin in den entsprechenden Kastellen der Neckarlinie und im Odenwald gelegen hatten. So kam die 1. Kohorte der Sequaner und Rauriker, die wahrscheinlich in Oberscheidental in Quartier gestanden hat (S. 82), nach Miltenberg, die 3. Kohorte der Aquitanier von Neckarburken nach Osterburken, die 1. Kohorte der Helvetier von Böckingen nach Öhringen, die 24. Kohorte der Voluntarier von Benningen nach Murrhardt. In Welzheim ist als Besatzung des 4,3 ha großen Kastells die ala I Flavia nachgewiesen worden, und es ist anzunehmen, daß diese Truppe vorher in dem 3,8 ha großen Alenlager in Cannstatt gestanden hat, ebenso wie die Kohorten, die in Jagsthausen und Mainhardt bezeugt sind, wahrscheinlich aus Wimpfen und Walheim, wo uns nur zufällig die Zeugnisse fehlen, dahin gekommen sind. Auch von dieser Erweiterung des Reiches hätte man mit den Worten des Tacitus sagen können: limite acto promotisque praesidiis pars provinciae habetur.

Im Zusammenhang mit dem Vorwärtsschieben der Truppen an die neue Grenzlinie steht die Erweiterung des Straßennetzes. Von Neckarburken nach Osterburken, von Wimpfen nach Jagsthausen und Öhringen, von Böckingen nach Öhringen, von Benningen nach Mainhardt und von Cannstatt nach Murrhardt sind solche Querverbindungen mehr oder minder vollständig nachgewiesen worden, andere sind als selbstverständlich vorauszusetzen. Sie bilden die Fortsetzungen der früher erwähnten Straßen aus der Rheinebene nach den Neckarkastellen, und wie sie sich selbst vermutlich an ältere, längst bestehende Verkehrswege angeschlossen hatten, so setzten sie sich auch jenseits des Limes als solche fort in das Ausland.

In der Nachbarschaft der Kastelle entstanden auch hier, wie früher am Neckar, bürgerliche Ansiedlungen, teilweise von beträchtlicher Ausdehnung. In Miltenberg ist eine Kundschaftertruppe, die sich exploratio Seiopensis nannte, bezeugt. Bestand sie, wie zu vermuten ist, aus Einheimischen, dann beweist der unrömische Name, daß die Römer hier am Main ihr Kastell in der Nähe einer bereits bestehenden Niederlassung angelegt haben, wie sie den Kultus des Mercurius Cimbrianus von den Nachkommen jener versprengten Cimbern und Teutonen, von denen oben (S. 20) die Rede war, hier übernahmen. In Miltenberg und Wallbürn ist die bürgerliche Ansiedlung noch nicht genauer untersucht worden. Bei dem Kastell Osterburken, dem dritten der neuen Linie, das südwestlich vom heutigen Städtchen am Abhange über der linken Ufer der Kirnach liegt, zum Teil ausgegraben und durch die Fürsorge der badischen Regierung konserviert, wurde eine ausgedehnte und reiche bürgerliche Niederlassung festgestellt. Im ganzen Umfang des heutigen Städtchens und noch darüber hinaus trifft man bei allen Grundarbeiten auf römische Gebäulichkeiten, auch auf dem rechten Ufer des Flusses. Hier unmittelbar bei der Kirnachbrücke ist das berühmte Mithrasrelief des Karlsruher Museums gefunden worden. Außerhalb des dicht bewohnten Gebietes fanden sich vereinzelte größere Landhäuser und die Reste großartiger Grabbauten.

Bei dem Kastell Jagsthausen, das zum Teil von dem noch jetzt der Familie v. Berlichingen gehörigen Schloß und von den Häusern des Städtchens bedeckt ist, hat man in westlicher Richtung nach Olnhausen zu die Reste eines Vicus und viele Gräber aufgedeckt: Unter den zahlreichen Inschriften aus Jagsthausen ragt ein Denkmal des Kaisers Antoninus Pius besonders hervor, weil es die älteste Urkunde von der ganzen Limeslinie zwischen Miltenberg und Welzheim ist und beweist, daß deren Errichtung in die Zeit vor 161, dem Todesjahr des Kaisers, fällt. In Öhringen ist die Existenz eines Vicus in der Nachbarschaft des Limeskastells nicht allein durch Überreste von Gebäulichkeiten, sondern auch durch eine Reihe von Inschriften der vicani bezeugt, die sich in der späteren Kaiserzeit, wir wissen nicht nach welchem Imperator, Aureliani nannten. In Mainhardt, Murrhardt und Welzheim endlich sind zwar die Kastelle durch die Ausgrabungen der Limeskommission festgestellt worden, aber auf die Überreste der bürgerlichen Niederlassungen hat die planmäßige Untersuchung sich nicht erstreckt.

Das kostbare Mithrasrelief aus Osterburken, das wir soeben erwähnten, ist nach der Inschrift auf seinem unteren Rande von einem

Privatmann, Mercatorius Castrensis, auf eigenem Grund gestiftet worden. Der merkwürdige Name des offenbar sehr wohlhabenden Stifters zeigt eine eigentümliche, besonders in Gallien häufige Bildung. Aus dem Beinamen des Vaters wird mit der Endung -ius der Geschlechtsname des Sohnes abgeleitet. Der Mann war also wohl Sohn eines Castrensis mit dem Beinamen Mercator. Wir werden ihn uns als den reich gewordenen Erben eines Krämers, als Inhaber einer Handlung im Lagerdorfe vorstellen dürfen. Die Niederlassungen in der Nähe der Kastelle waren durch die Bedürfnisse der Truppen hervorgerufen. Budiken und Kantinen, die sogenannten canabae, entstanden überall, wo eine Truppe ihr Standlager erbaute. Die Bewohner der Lagerdörfer heißen deshalb canabenses, Budiker oder Krämer, und wo sie, wie in Öhringen, einen Vicus gebildet haben, vicani canabenses. Im Jahre 169 weiht eine Reihe dieser Leute in Öhringen einen Votivstein, schon damals also, etwa ein Decennium nach der Erbauung des Kastells, bestand dort ein solcher Lagerort mit einer nicht unbedeutenden Zivilbevölkerung. Trotzdem ist anzunehmen, daß er der Militärverwaltung unterstand und nicht zu einer bürgerlichen Civitas gehört hat. Wie das Gebiet in der Nähe eines Legionslagers als territorium legionis eine Ausnahmestellung hatte, so scheint der Grenzstreifen am Limes an die Kastelle der Kohorten und Alen als deren Territorium verteilt gewesen zu sein. Über das Terrain in der Nähe der Grenze frei verfügen zu können, lag im Interesse der Grenzverteidigung selbst. Denn die Verhältnisse konnten hier die Erweiterung und Vermehrung der militärischen Anlagen notwendig machen.

Dieser Fall trat in der Tat gegen das Ende des 2. Jahrhunderts am obergermanischen Limes ein. Schon 162, im Jahre nach Antoninus Pius' Tod, unternahmen die Chatten einen Angriff auf Obergermanien und Rätien. Dieser Vorstoß ist das erste Anzeichen, daß die germanischen Stämme von neuem in Bewegung gekommen waren. Das Drängen gegen die Grenzen des Römerreiches nahm jetzt stetig zu. Schon im Anfange der siebziger Jahre durchbrach die gewaltige Völkerwelle die römischen Schutzwehren an der mittleren Donau und überflutete das ganze Land bis zu den Alpen. Selbst nach Oberitalien gelangten die plündernden Scharen nordischer Barbaren. Es bedurfte der gewaltigsten Anstrengungen und der zähen Energie Marc Aurels, um den römischen Boden von den Fremden zu befreien und die Markomannen, Quaden und Jazygen zum Frieden zu zwingen. Auch im

Rheingebiet muß der Wellenschlag der großen Völkerbewegung fühlbar gewesen sein. Ein Menschenalter später richten die Germanen ihre Angriffe direkt auf Obergermanien und Rätien.

Kaiser Markus hatte noch die beste Schutzwehr des Reiches in der Offensive erblickt und die Gegner nicht bloß zurückgeworfen, sondern in ihrem eigenen Lande den Sieg erfochten. Aber sein Sohn und Nachfolger Commodus verzichtete nicht allein auf die Früchte dieses Sieges, sondern brach durchaus mit den militärischen Grundsätzen des Vaters. Unter ihm mehren sich die Anzeichen, daß man nur ängstlich auf die Verstärkung der Limesanlagen, auf notdürftige Abwehr bedacht war. In Osterburken wurde das Kohortenlager durch Mannschaften der 8. Legion erweitert. Auf den Bauinschriften, die von diesem Anbau erhalten sind, heißt die Legion pia fidelis constans Commoda. In dieselbe Zeit wird die Errichtung der kleineren Kastelle fallen, die in Welzheim und Ohringen dicht neben den Auxiliarlagern gefunden worden sind. Bei Westernbach nur 4 km nördlich von Ohringen sind ganz vor kurzem durch Fr. Leonhard die Grundmauern eines dritten solchen Kastells am Limes entdeckt worden. Die Besatzungen wurden zum Teil aus der Bevölkerung des Grenzlandes entnommen. Zu den vicani Aureliani in Ohringen findet sich jetzt ein numerus Aurelianensis, wahrscheinlich eine Kundschafterabteilung, wie die exploratores Seiopenses in Miltenberg. Hier kommen auch exploratores Triputienses vor, die im Odenwald ausgehoben worden waren, und in Wallbürn die früher erwähnten exploratores Stu... aus der Neckargegend (S. 69). Vor allem aber wurden die Brittonen-Numeri jetzt an den äußeren Limes verlegt. In der Nähe von Miltenberg, in Wallbürn, in Ohringen und Welzheim sind dieselben Truppenkörper der Brittonen bezeugt, die früher am Neckar- und am Odenwaldlimes gestanden hatten. Endlich haben die Römer sogenannte Dediticii, unterworfene Barbaren, die an der Grenze angesiedelt waren, in das Heer eingereiht.

An die Vermehrung der Kastelle schloß sich nach dem ersten großen Alamanneneinfall des Jahres 213 die Verstärkung der eigentlichen Linie. Anstatt nämlich die Kordonstellung aufzulösen, die Truppen hinter dem Limes an den Kreuzungsstellen der Straßen zu konzentrieren, anstatt zu dem früheren System der Grenzverteidigung zurückzukehren, das wir an den domitianischen Anlagen in der Wetterau kennen gelernt haben, ließ die kaiserliche Regierung im Anfange des 3. Jahrhunderts den Limes sozusagen in eine chinesische Mauer verwandeln. Für die Grenze der Provinz Rätien trifft der Vergleich wörtlich zu. Von der Gegend bei Lorch bis zur Donau wurde auf 175 km Länge eine mehr als meterdicke, massive, in Mörtel gebaute Mauer von etwa 2½ m Höhe hergestellt. Am obergermanischen Limes dagegen haben die Römer hinter der auch jetzt noch ständig unterhaltenen Palissade den tiefen Graben aufgeworfen, der mit seiner Erdanschüttung auf der Innenseite noch heute an vielen Stellen sichtbar ist und den Namen Pfahl oder Pfahlgraben führt. Von dem lateinischen palus entlehnt, bedeutet Pfahl hier als Kollektivbegriff, wie so oft im Deutschen, die Pfähle, die Palissade, Pfahlgraben den Graben an oder hinter den Palissaden. Die rätische Mauer und der Pfahlgraben in Obergermanien waren gewaltige Werke. Aber sie gewährten doch nur Schutz gegen die räuberischen Grenzverletzungen, die wohl alltäglich versucht wurden, und ihren Zweck konnten diese Grenzsperren nur so lange erfüllen, als der notdürftig mit den Germanen abgeschlossene, ja schließlich mit Geld erkaufte Friede von diesen gehalten wurde.

Sobald im Jahre 235 der Sturm abermals losbrach und außer den Alamannen jetzt auch die Franken ungestüm nach dem Rheine drängten, hielt der Limes nicht stand. Die Truppen der Grenzverteidigung waren mehr und mehr in eine Lokalmiliz verwandelt worden, die den Widerstand aufgab. Ein Teil der Kastelle ist schon damals von den Germanen zerstört und nie wieder aufgebaut worden. Nur notdürftig wurden die wichtigsten Punkte über das Jahr 250 hinaus gehalten. Untergrabene Türme und Tore, vom Feuer gerötete Mauern und Massen von Brandschutt, zerstreute Waffen und Gebeine der Erschlagenen lassen noch jetzt hie und da die verzweifelte Gegenwehr der Verteidiger und die Übermacht der Germanen ahnen, die schließlich mit stürmender Hand die Römerfesten genommen und zerstört haben. Seit dem Jahre 260 war das Land auf der rechten Seite des Rheins dem römischen Reiche für immer verloren.

C. F. Winter'sche Buchdruckerei.

www.ingramcontent.com/pod-product-compliance
Lightning Source LLC
Chambersburg PA
CBHW030123240426
43673CB00041B/1379